日経文庫
会計用語辞典

片山英木・井上雅彦[編]

日本経済新聞出版社

まえがき

　会計に対する関心が非常に高まっています。今や会計は、一部の専門職や財務経理担当者に必要な「専門的な道具」ではなく、一般のビジネスパーソンから会社の管理職や経営者に至るまで、ビジネスに携わるすべての方々にとって「必須の知識」となりました。会計の知識なくしては、経営者は適正な経営判断を行うことができません。また、一般のビジネスパーソンにとっても会計の知識をもたないでビジネス社会を生き抜くことは不可能な時代になりました。

　わが国では、平成11年前後から国際的な会計基準（国際財務報告基準（IFRS）、米国会計基準（SFAS）など）へのキャッチアップも視野に入れた「会計ビッグバン」が進行し、税効果会計、ソフトウエア会計、金融商品会計、退職給付会計、固定資産の減損会計、企業結合会計などに係る新しい会計基準が次々と導入されてきました。

　これに伴い、新基準導入以前と比べ会計の考え方も大きく変化しました。過大の取引に対する記録だけでなく、将来事象に対する見積もりや評価等も会計の重要な役割になってきました。一方、現在もなお、国際的な会計基準は改訂や新設を続けており、会計はさらに進化のスピードを加速しているようです。

　また、平成18年5月には新しい会社法が施行され、同年6月には金融商品取引法が制定されるなど、会計に影響を及ぼす法改正も近年立て続けに行われています。

　こうしたなか、本書は、最新のビジネス環境を踏まえ、現代のビジネスパーソンに必須と思われる会計用語をピックアップし、これらにコンパクトに解説を加えました。

　用語の選定や解説にあたっては、会社の財務経理部門に配属された方々が知っておくべき会計用語をイメージしました。最近の会計基準の導入や法改正を踏まえ、「最新で重要な用語」

に限定して選定し、必要と思われる解説を加えました。

　執筆は、会計の理論と実務に精通した新進気鋭の5人の公認会計士（太田博之、大保裕司、大山顕司、梶原歩、藤井貴弘）が担当しました。また、用語の英語訳には、関根愛子公認会計士に指導・校正をいただきました。

　財務経理の担当者や責任者だけでなく、会社の経営者から一般のビジネスパースン、さらには、会計専門職の方々や証券分析に携わる方々にも広く本書が役立つことを願っております。

　平成18年9月

片山　英木
井上　雅彦

索 index 引

アルファベット

AAA	1
AICPA	1
ASBJ	1
BIS規制	1
BS	2
CEO	2
CFO	2
COO	2
COSO	2
CP →コマーシャルペーパー	85
CPE	2
CSR	2
CVP分析	3
DCF法	3
EDINET	3
EDI取引	3
EPS →1株当たり当期純利益(当期純損失)	167
EVA	4
FAS	4
FASB	4
GAAP	4
IAS	4
IASB	5
IASC	5
IFRS	5
IOSCO	5
IPO →株式公開	35
IR	5
LBO	5
LLP	6
M&A	6
MBO	6
PCAOB	7
PL	7
ROA	7
ROE	7
ROI	8
SEC	8
TOB	8

あ

アウトプット法	9
青色申告制度	9
アカウンタビリティ	9
アキュムレーション法	9
アクチュアリー →年金数理人(アクチュアリー)	160
預り金	9
預合	10
圧縮記帳	10
圧縮積立金	10
アップストリーム	11
後入先出法	11
アニュアルレポート	11
アモチゼーション法	11
洗替法	11
粗利益	11

い

委員会設置会社	12
意見差控	12
意匠権	12
一行連結 →持分法	192
一時差異	12
一取引基準	13
Ⅰの部	13
一括償却資産	13
一括評価金銭債権	14
一般原則	

→ 企業会計原則	47
一般債権	14
移転価格税制	14
移動平均法	15
違法配当	15
インカムゲイン	
→ キャピタルゲイン	52
インサイダー取引	15
インタレスト・カバレッジ・レシオ	15
インプット法	15
インフレーション会計	16

う

受取手形	16
裏書手形	16
売上原価	16
売上原価明細書	16
売上債権	17
売上総利益	17
売上高	17
売上値引	17
売上戻り高	17
売上利益率	17
売上割引	17
売上割戻	17
売掛金	17

え

永久差異	18
営業外収益	18
営業外費用	18
営業活動によるキャッシュ・フロー	18
営業権	
→ のれん	161
営業収益	18
営業損益	19
営業費用	19
営業報告書	19
営業利益	19

影響力基準	
→ 関連会社	45
英米式決算法	19
益金	19
エンロン事件	19

お

黄金株	20
オプション取引	20
オフバランス取引	20
オペレーティングリース	20
親会社	20
親会社株式	21

か

外貨換算会計	22
買掛金	22
買掛債務	
→ 仕入債務	95
外貨建取引	22
開業費	22
会計	22
会計慣行	
→ 公正な会計慣行	78
会計監査	23
会計監査人	23
会計監査人設置会社	23
会計期間	23
会計基準	23
会計基準変更時差異	23
会計原則	
→ 会計基準	23
→ 企業会計原則	47
会計公準	24
会計参与	24
会計専門職大学院	24
外形標準課税	25
会計方針	25
会計方針の変更	25
外国税額控除	26
外国法人	

→内国法人	158
開示後発事象	
→後発事象	80
会社更生法	26
会社分割	26
回収期限到来基準	
→割賦基準	33
回収基準	
→割賦基準	33
回収不能見込額	27
回転期間	27
回転率	27
開発費	27
価格変動リスク	27
架空売上	27
格付け	28
確定給付企業年金	28
確定拠出型年金	28
確定決算主義	29
確定申告	29
確定方式	
→連結剰余金計算書	209
確認	29
過去勤務債務	30
貸方	30
貸倒懸念債権	31
貸倒実績率	31
貸倒損失	31
貸倒引当金	31
貸倒引当金繰入額	31
貸倒見積高	
→回収不能見込額	27
貸付金	32
過少資本税制	32
課税事業者	32
課税所得	32
課税取引	33
活動基準原価計算	33
割賦基準	33
合併	33
合併差損益	33
合併比率	34
過年度損益修正	34
株価収益率	34
株価純資産倍率	34
株式移転	34
株式会社	35
株式買取請求権	35
株式公開	36
株式交換	36
株式交付費	
→新株発行費	117
株式譲渡制限会社	
→株式会社	35
株式払込剰余金	36
株式分割	36
株式併合	37
株主資本	37
株主資本等変動計算書	37
株主代表訴訟	37
貨幣性資産	38
貨幣・非貨幣法	38
空売り	38
借入金	
→短期借入金	142
→長期借入金	146
借入金等明細表	
→附属明細表	174
仮受金	38
借方	
→貸方	30
仮勘定	38
仮払金	39
為替換算調整勘定	39
為替差損益	39
為替手形	39
為替予約	39
簡易課税制度	39
簡易組織再編	40
環境会計	40
環境監査	40
関係会社	41

関係会社株式	41
監査	41
監査意見	41
監査基準	41
監査調書	42
監査報告書	42
監査法人	42
監査役	42
監査役会	43
監査リスク	43
換算基準	43
換算差損益	
→為替差損益	39
完成工事原価	
→完成工事高	43
完成工事原価報告書	43
完成工事高	43
完成工事未収入金	
→完成工事高	43
完成品換算量	44
間接金融	44
間接控除形式	44
間接税	
→租税	131
完全子会社	44
カンパニー制	44
カンバン方式	45
管理会計	45
管理可能差異	45
管理可能費	45
関連会社	45
関連会社株式	46
関連当事者	46

き

機会原価	46
期間原価	46
期間損益計算	47
企業会計	47
企業会計基準委員会	
→ASBJ	1
企業会計原則	47
企業結合	47
企業内容開示制度	48
企業年金制度	48
擬制資産	48
基礎率	48
期待運用収益率	49
期待ギャップ	49
期中平均レート	49
機能的減価	
→減価	68
希薄化効果	49
寄付金	50
期末自己都合要支給額	50
キャッシュバランスプラン	50
キャッシュ・フロー	51
キャッシュ・フロー計算書	51
キャッシュ・フロー見積法	51
キャピタルゲイン	52
休止固定資産	52
級数法	52
休眠会社	53
強制評価減	53
業績連動型報酬	53
共用資産	53
虚偽記載	
→訂正報告書	149
切放法	54
銀行勘定調整表	54
金庫株	54
金銭債権債務	54
金銭信託	
→信託	119
均等割	54
勤務費用	54
金融検査マニュアル	55
金融資産	55
金融商品	55
金融商品会計	55
金融商品会計基準	
→金融商品会計	55

索引

金融商品取引法 ……………56
金融手形 ……………56
金融派生商品
　→デリバティブ取引 ……………150
金融負債 ……………56
金融持株会社
　→持株会社 ……………191
金利スワップ
　→スワップ取引 ……………121
金利スワップの特例処理 ……………57

く

偶発債務 ……………57
偶発事象 ……………57
偶発損失引当金 ……………58
組込デリバティブ
　→複合金融商品 ……………172
組別総合原価計算 ……………58
繰上方式
　→連結剰余金計算書 ……………209
繰越欠損金 ……………58
繰延勘定 ……………58
繰延資産 ……………59
繰延税金資産 ……………59
繰延税金資産の回収可能性 ……………60
繰延税金負債 ……………61
繰延税金負債の支払可能性 ……………61
繰延ヘッジ ……………61
繰延法
　→資産負債法 ……………101
クレジット・デリバティブ ……………62
黒字倒産 ……………62
クロス取引 ……………62

け

経営者確認書 ……………63
経営成績 ……………63
経過勘定 ……………63
経済的残存使用年数 ……………63
経済的耐用年数 ……………64
計算書類 ……………64

経常損益
　→経常損益の部 ……………65
経常損益の部 ……………65
経常利益 ……………65
継続企業
　→ゴーイングコンサーン ……………77
継続企業の前提
　→ゴーイングコンサーン ……………77
継続記録法 ……………65
継続性の原則 ……………65
経費 ……………66
経理の状況 ……………66
決済差損益
　→為替差損益 ……………39
決算 ……………66
決算公告 ……………67
決算整理 ……………67
決算短信 ……………67
決算日レート法 ……………67
欠損金 ……………67
欠損金の繰越控除
　→繰越欠損金 ……………58
欠損填補 ……………67
原価 ……………68
減価 ……………68
限界利益 ……………68
原価企画 ……………68
原価基準
　→取得原価主義 ……………109
原価計算 ……………69
原価計算基準 ……………69
原価差異 ……………69
原価主義
　→取得原価主義 ……………109
減価償却 ……………70
減価償却限度額 ……………70
減価償却費 ……………71
減価償却累計額 ……………71
原価中心点 ……………71
原価標準 ……………71
原価部門 ……………71

索引

原価法	72
研究開発費	72
現金	72
現金過不足	72
現金主義	72
減債積立金	72
原材料	72
現先取引	73
減資	73
検収基準	73
建設仮勘定	73
建設協力金	73
建設利息	74
源泉所得税	74
源泉徴収	74
減損会計	75
減損損失	75
減損損失累計額	75
減損の兆候	76
現物出資	76
現物出資説	76
減耗償却	77
権利株	77

こ

ゴーイングコンサーン	77
合意された手続	77
工業所有権	78
工事完成基準	78
工事進行基準	78
工事負担金	
→圧縮記帳	10
更正	78
公正な会計慣行	78
公正な評価額	
→時価	96
厚生年金	78
厚生年金基金	79
公租公課	80
構築物	80
公認会計士	80
公認会計士・監査審査会	80
後発事象	80
小売棚卸法	
→売価還元法	162
合理的な基礎	81
子会社	81
子会社株式	81
枯渇資産	
→減耗償却	77
小切手	82
国際会計基準	
→IFRS	5
→IAS	4
国際監査基準	82
国税	
→租税	131
小口現金	82
コストビヘイビア	82
国庫補助金	83
固定資産	83
固定資産税	83
固定資産税評価額	83
固定性配列法	83
固定長期適合率	84
固定費	84
固定比率	84
固定負債	84
個別原価計算	84
個別償却	
→総合償却	129
個別評価金銭債権	
→一括評価金銭債権	14
個別法	85
コーポレートガバナンス	85
コマーシャルペーパー	85
コミットメントライン	85
コンフォートレター	85
コンプライアンス	86

さ

在外支店	87

財規	87	サーベンス・オクスリー法	94
債権	87	産業再生機構	94
債権放棄	87	残存価額	95

し

最高経営責任者 →CEO	2	仕入債務	95
最高財務責任者 →CFO	2	仕入値引	95
		仕入割引	95
最高執行責任者 →COO	2	仕入割戻	95
財産引受	88	時価	96
最終仕入原価法	88	仕掛品	96
財政状態	88	時価主義	96
再調達原価	88	直先差額	97
最低資本金制度	88	直直差額	97
債務	88	事業譲渡	97
財務会計	89	事業所税	97
財務会計基準機構 →ASBJ	1	事業税	97
		事業等のリスク →リスク情報	201
債務確定主義	89		
財務活動によるキャッシュ・フロー	89	事業報告	98
		資金繰表	98
財務構成要素アプローチ	89	試験研究費	98
債務者区分	90	自己株式	98
財務諸表	90	自己株式処分差額	99
財務諸表等規則	90	自己金融	99
債務超過	91	自己査定	99
財務内容評価法	91	自己資金	99
債務保証	91	自己資本比率	99
債務保証損失引当金	91	自己責任の原則	99
債務免除	92	事後設立	99
材料価格差異	92	自己創設のれん	100
材料主費	92	事後テスト	100
材料費	92	試査	100
材料副費	93	資産	100
先入先出法	93	資産性 →貸借対照表能力	137
先日付小切手	93		
先物取引	93	資産のグルーピング	100
作業屑	93	試算表	101
先渡取引	93	資産負債法	101
差入保証金	94	システム監査	102
サービスポテンシャルズ	94	事前テスト	102

仕損品	102
実現主義	102
実現損益	
→実現主義	102
実現利益	
→実現主義	102
実効税率	103
実査	103
実際原価	103
実際原価計算	103
実績主義	
→予測主義	198
実地棚卸法	103
指定社員	103
支配株主	104
支配力基準	
→子会社	81
支払経費	104
支払手形	104
四半期開示制度	104
四半期財務諸表	
→四半期開示制度	104
資本	105
資本金	105
資本金等明細表	
→附属明細表	174
資本コスト	105
資本準備金	105
資本剰余金	105
資本的支出	106
資本等取引	106
資本取引損益取引区分の原則	106
資本連結	106
資本割	
→外形標準課税	25
社会会計	106
社会責任会計	106
社外流出	107
借地権	107
社債	107
社債発行差金	107
社債発行費	107
社債明細表	
→附属明細表	174
収益	107
従業員持株会	108
修正受渡日基準	108
修正後発事象	
→後発事象	80
修正申告	108
修繕引当金	108
住民税	108
重要性の原則	109
重要な会計方針	
→会計方針	25
授権株式数	
→発行可能株式総数	165
出荷基準	109
出資金	109
取得価額	
→取得原価主義	109
取得原価主義	109
取得条項付株式	109
取得請求権付株式	110
主要株主	110
純額表示	110
純資産	
→資本	105
純資産の部	110
準備金	110
ジョイントベンチャー	111
少額減価償却資産	111
使用価値	
→減損会計	75
償却原価法	111
償却限度額	
→減価償却限度額	71
償却債権取立益	111
償却性資産	111
昇給率	111
証券アナリスト	112
証券監督者国際機構	

索引

→IOSCO	5
証券取引所	112
証券取引等監視委員会	112
証券取引法	112
証券取引法監査	113
招集通知	113
上場会社	113
少数株主持分	113
消費税	114
商標権	114
商品	114
商品券	114
商品ファンド	
→ファンド	171
商法特例法	114
正味実現可能価額	115
賞与	115
剰余金	115
賞与引当金	115
除外事項	115
除却	116
所得金額	116
所得税	116
所得割	116
仕訳帳	116
新BIS規制	
→BIS規制	1
人格合一説	116
人格のない社団等	117
新株式申込証拠金	117
新株発行費	117
新株引受権	117
新株引受権付社債	
→新株予約権付社債	118
新株予約権	117
新株予約権付社債	118
シングルプラン	118
人件費	118
申告調整	118
申告納税方式	
→租税	131

真実性の原則	119
信託	119
信託受益権	119
信用取引	119
信用リスク	119

す

数理計算上の差異	120
スケジューリング	120
ステークホルダー	120
ストック・オプション	120
スワップ取引	121

せ

税額控除	121
正規の減価償却	121
正規の簿記の原則	121
税金等調整前当期純利益	
→税引前当期純利益	125
税効果会計	122
税込方式	
→税抜方式	125
精査	122
生産基準	122
生産高比例法	123
正常営業循環基準	123
正常原価	123
製造間接費	123
製造原価明細書	123
製造指図書	124
正当な理由による会計方針の変更	124
制度会計	124
税抜方式	125
税引前当期純利益	125
製品	125
製品原価	125
製品別原価計算	125
製品保証引当金	126
税法基準	126
税務調査	126

索 引

税務調整
　→申告調整 ... 118
積送品 ... 126
責任準備金 ... 126
セグメント情報 ... 126
設備資本 ... 127
セール・アンド・リースバック取引 ... 127
前期損益修正
　→特別損益 ... 155
潜在株式 ... 128
全部原価 ... 128
全部資本直入法 ... 128
全面時価評価法
　→部分時価評価法 ... 175

そ

総勘定元帳 ... 128
操業度 ... 128
操業度差異 ... 129
総合原価計算 ... 129
総合償却 ... 129
増資 ... 129
総資産
　→総資本 ... 130
総資本 ... 130
総平均法 ... 130
総報酬制 ... 130
創立費 ... 130
測定経費 ... 130
組織再編税制 ... 131
租税 ... 131
租税回避地
　→タックスヘイブン ... 140
租税公課 ... 131
租税特別措置法
　→租税特別措置法上の準備金 ... 132
租税特別措置法上の準備金 ... 132
その他資本剰余金 ... 132
その他有価証券 ... 132
その他有価証券評価差額金 ... 133
その他利益剰余金 ... 133
ソフトウェア ... 133
ソルベンシー・マージン ... 133
損益計算書 ... 133
損益取引 ... 134
損益分岐点 ... 134
損益法 ... 134
損金 ... 134
損金経理 ... 134

た

大会社 ... 136
代行部分 ... 136
代行返上 ... 136
貸借対照表 ... 137
貸借対照表能力 ... 137
対照勘定 ... 137
退職確率 ... 137
退職給付会計 ... 137
退職給付債務 ... 138
退職給付信託 ... 138
退職給付引当金 ... 139
退職給付費用 ... 139
退職給与引当金 ... 139
退職金 ... 139
代用自己株式 ... 140
ダウンストリーム
　→アップストリーム ... 11
他勘定振替高 ... 140
抱合せ株式 ... 140
立会 ... 140
タックスヘイブン ... 140
立替金 ... 141
棚卸 ... 141
棚卸計算法
　→実地棚卸法 ... 103
棚卸減耗 ... 141
棚卸資産 ... 141
他人資本 ... 142
単一性の原則 ... 142
短期貸付金

索引

→貸付金	32
短期借入金	142
単元株制度	142
単純総合原価計算	142
担保	143

ち

知的財産権	143
地方税	
→租税	131
中間監査	143
中間決算	143
中間財務諸表	143
中間申告	144
中間損益計算書	
→中間財務諸表	143
中間貸借対照表	
→中間財務諸表	143
中間配当	144
注記	144
注記表	145
中古資産	145
超過収益力	146
長期貸付金	
→貸付金	32
長期借入金	146
長期性預金	146
長期前払費用	146
帳簿	146
帳簿価額	147
直接金融	147
直接減額方式	
→圧縮記帳	10
直接原価計算	147
直接税	
→租税	131
直接費	147
貯蔵品	147

つ

追加情報	148

追記情報	148
通貨スワップ	
→スワップ取引	121
月割経費	148
積立金	148

て

定額資金前渡制度	149
低価法	149
ディスカウント・キャッシュ・フロー法	
→DCF法	3
ディスクロージャー	
→ディスクローズ	149
ディスクロージャー制度	
→企業内容開示制度	48
ディスクローズ	149
訂正報告書	149
適格組織再編	149
適格退職年金	150
デットエクイティスワップ	150
デフォルト	150
手元流動性	150
デリバティブ取引	150
転換社債	151
伝票	151
テンポラル法	151
電話加入権	151

と

当期業績主義	151
当期純損益	151
当期未処分利益	152
当期未処理損失	
→当期未処分利益	152
等級別総合原価計算	152
当座借越	152
当座資産	152
当座比率	152
投資	153
投資活動によるキャッシュ・フ	

ロー················153
投資事業有限責任組合·······153
投資信託
　　→信託···············119
投資その他の資産··········153
投資損失引当金············153
投資不動産················154
投資有価証券··············154
同族会社··················154
特定金銭信託
　　→信託···············119
特定子会社················154
特定目的会社··············154
特別支配会社··············155
特別修繕引当金············155
特別償却··················155
特別損益··················155
特別損失
　　→特別損益···········155
特別目的会社(SPC)········155
特別利益
　　→特別損益···········155
特例処理
　　→金利スワップの特例処理···57
土地再評価差額金··········156
土地再評価法··············156
特許権····················156
突合······················157
取替法····················157

な

内国法人··················158
内部監査··················158
内部統制組織··············158

に

二重責任の原則············158
二取引基準················158
日本公認会計士協会········159
日本版401K················159
任意積立金················159

ね

年金······················159
年金資産··················160
年金数理人(アクチュアリー)··160

の

納税充当金················160
能率差異··················160
延払基準··················161
のれん····················161
ノンバンク················161
ノンリコース・ローン······161

は

売価還元原価法
　　→売価還元法·········162
売価還元法················162
売価棚卸法
　　→売価還元法·········162
買収······················162
配当性向··················162
配当平均積立金············162
売買目的有価証券··········162
配賦······················163
ハイライト情報············163
端株······················163
破産······················163
破産更生債権等············163
パーシャルプラン··········164
破綻······················164
パーチェス法··············164
発行可能株式総数··········165
発行済株式総数············165
発生経費··················165
発生主義··················165
範囲区分··················165
半期報告書················166
半製品····················166
販売費及び一般管理費······166

ひ

非課税取引	166
引当金	167
引当金明細表	
→附属明細表	174
引渡基準	167
非原価項目	167
1株当たり純資産	167
1株当たり当期純利益(当期純損失)	167
備忘勘定	168
費目別原価計算	168
費用	168
評価性引当金	168
費用収益対応の原則	168
標準原価	169
標準原価計算	169
費用性資産	169
費用配分の原則	169
比例連結	169

ふ

ファイナンスリース	170
ファクタリング	171
ファームバンキング	171
ファンド	171
付加価値	171
付加価値割	
→外形標準課税	25
不課税取引	171
複合金融商品	172
複合費	172
副産物	172
複式簿記	172
複数事業主制度	172
含み資産	173
含み損益	173
福利厚生費	173
負債	173
負債性引当金	173
附属明細書	174
附属明細表	174
普通償却	174
普通法人	
→法人税	181
ブックビルディング方式	174
物質的減価	
→減価	68
船積基準	175
部分原価	175
部分時価評価法	175
部分資本直入法	175
部門別原価計算	175
振当処理	176
フリー・キャッシュ・フロー	176
不良債権	176
不良資産	176
プロダクトコスト	176
不渡手形	177
粉飾決算	177
分析的手続	177
分配可能額	177
分離型新株引受権付社債	
→新株予約権付社債	118

へ

ペイオフ	178
平均残存勤務期間	178
平均法	
→移動平均法	15
→総平均法	130
米国財務会計基準審議会(FASB)	
→FASB	4
ヘッジ会計	178
ヘッジ会計の終了	179
ヘッジ会計の中止	179
ヘッジ取引	179
ヘッジ有効性	
→ヘッジ会計	178
→事前テスト	102
→事後テスト	100

索 引

別途積立金
　→任意積立金 ------159
ペーパーカンパニー ------180
ベンチャーキャピタル ------180
変動費 ------180
返品調整引当金 ------180

ほ

包括主義 ------181
包括ヘッジ ------181
包括利益
　→包括利益計算書 ------181
包括利益計算書 ------181
法人税 ------181
法人税,住民税及び事業税 ------182
法人税等調整額 ------182
法定繰入率 ------182
法定実効税率 ------182
法定福利費
　→福利厚生費 ------173
簿外資産 ------183
簿外負債
　→簿外資産 ------183
保管振替機関 ------183
簿記 ------183
保険差益 ------183
保守主義
　→保守主義の原則 ------184
保守主義の原則 ------184
保証債務
　→債務保証 ------91
保証債務損失引当金
　→債務保証損失引当金 ------91
保証予約 ------184
ポートフォリオ ------184

ま

埋没原価 ------185
前受金 ------185
前受収益 ------185
前払金
　→前渡金 ------185
前払年金費用
　→退職給付引当金 ------139
前払費用 ------185
前渡金 ------185
満期保有目的の債券 ------186

み

未確定事項 ------186
未実現損益 ------187
未収収益 ------187
未収入金 ------187
未処分利益
　→当期未処分利益 ------152
未処理損失
　→当期未処分利益 ------152
未成工事受入金 ------187
未成工事支出金 ------187
未着品 ------187
見積原価 ------187
見積原価計算 ------188
みなし配当 ------188
未認識項目
　→退職給付引当金 ------139
未払金 ------188
未払消費税 ------188
未払費用 ------188
未払法人税等 ------188
民事再生法 ------189

む

無形固定資産 ------189
無税 ------189

め

名義株 ------189
明瞭性の原則 ------189
メインバンク ------190
免税事業者 ------190
免税取引 ------191

も

- 目的税 191
- 目論見書 191
- 持株会社 191
- 持分会社 192
- 持分プーリング法 192
- 持分法 192
- 持分法による投資損益
  →持分法 192
- モニタリング 193

や

- 役員賞与 194
- 役員退職慰労引当金 194
- 役員報酬 194
- 約定日基準 194
- 約束手形 194

ゆ

- 有価証券 195
- 有価証券届出書 195
- 有価証券報告書 195
- 有価証券明細表
  →附属明細表 174
- 有給休暇引当金 196
- 遊休資産 196
- 有形固定資産 196
- 有形固定資産等明細表
  →附属明細表 174
- 有姿除却 196
- 有形償却 197
- 有税処理 197
- 誘導法 197
- 有利子負債 198

よ

- 予算 198
- 予算差異 198
- 予測主義 198
- 予定原価 199
- 予定取引 199

り

- 利益準備金 200
- 利益剰余金 200
- 利益処分案 200
- 利益相反取引 200
- 利益中心点 200
- 利害関係者
  →ステークホルダー 120
- リスクアプローチ 201
- リスク経済価値アプローチ 201
- リスク情報 201
- リスクフリーレート 201
- リース債務 202
- リース資産
  →リース債務 202
- リース取引 202
- 利息費用 203
- 利息法 203
- リート 203
- 略式組織再編 203
- 流動化 204
- 流動資産 204
- 流動性配列法 204
- 流動比率 204
- 流動・非流動法 204
- 流動負債 204
- 留保金課税 205
- 留保利益 205
- 臨時巨額の損失 205
- 臨時計算書類 205
- 臨時償却 206
- 臨時損益
  →特別損益 155
- 臨時報告書 206

れ

- レジェンド問題 206
- レバレッジ効果 206
- レバレッジドリース 207

レビュー────────207
連結キャッシュ・フロー計算書──208
連結計算書類────────208
連結財務諸表────────208
連結財務諸表原則──────208
連結剰余金計算書──────209
連結損益計算書───────209
連結貸借対照表───────209
連結調整勘定────────210
連結納税制度────────210
連結附属明細表───────210
連産品───────────211

ろ

労務費───────────211

わ

ワラント債
　→新株予約権付社債────118
割引手形───────────212
割増償却
　→特別償却───────155
ワンイヤールール──────212

A

AAA American Accounting Association ♦ 米国会計学会。会計学者や公認会計士等で構成する会計学の研究団体。会計理論の研究成果が有名である。

AICPA American Institute of Certified Public Accountants ♦ 米国公認会計士協会。会計原則，会計手続，監査手続等に係る意見書を発表している。米国監査基準（SAS）等上場企業に係る監査基準を制定する権限は独立監視機関（PCAOB）の設立に伴いAICPAからPCAOBに移った。

ASBJ Accounting Standards Board of Japan ♦ 日本の企業会計基準委員会（Accounting Standards Board）をいう。財団法人財務会計基準機構（Financial Accounting Standards Foundation, 略称FASF）の組織で，財務諸表作成者，財務諸表利用者，公認会計士，学識経験者等により構成される。企業会計の基準の調査研究・開発，ディスクロージャー制度その他企業財務に関する諸制度の調査研究及びそれらを踏まえた提言を行い，公表文書はわが国の一般に公正妥当と認められる企業会計の基準（GAAP）の一部を構成する。

B

BIS規制 ♦ 国際決済銀行（Bank of International Settlements; BIS）の銀行規制監督委員会（バーゼル委員会：現在の銀行監督委員会）が公表した銀行の健全性を確保するための国際的な自己資本比率規制をいう。BIS規制それ自体には法的拘束力はないが主要国は国内的に規制を実施している。BIS規制により国際業務を営む銀行に対して8％（国内業務の場合は4％）以上の自己資本比率の維持が義務付けられている。平成18年度からより正確なリスク把握や高度なリ

スク管理を規制する新BIS規制が実施される。

BS balance sheet ♦ 貸借対照表のこと。B/Sとも記載する。→貸借対照表

C

CEO chief executive officer ♦ 「最高経営責任者」と訳される会社経営のトップのこと。

CFO chief financial officer ♦ 「最高財務責任者」と訳される財務部門の総責任者のこと。

COO chief operating officer ♦ 「最高執行責任者」と訳される。CEOのもとで決定された業務の執行を行う責任者のこと。

COSO Committee of Sponsoring Organizations of Treadway Commission ♦ 米国公認会計士協会を母体に組織されたトレッドウェイ委員会組織委員会。不正な財務報告を防止・発見する方策を提示した。内部統制概念は特に有名で、米国のSO法や、わが国の「財務報告に係る内部統制の評価及び監査の基準」（公開草案）等、各国の規制がその考え方を取り入れている。

CP ♦ →コマーシャルペーパー

CPE Continuing Professional Education ♦ 監査業務等の質的向上、公認会計士の資質の維持・向上、監査環境の変化に適応するための支援を目的として日本公認会計士協会が実施する継続的専門研修制度のこと。平成14年4月からは、すべての公認会計士が継続的専門研修を履修し、年間40単位以上の単位を履修することが義務付けられている。

CSR corporate social responsibility ♦ 「企業の社会的責任」と訳されている。要は、ステークホルダーに対して企業がどのようにかかわっていくのか、または、どのような責任を負っているのかを明らかにしていこうとするもの。時代や環境によってさまざま。

CVP分析 cost-volume-profit analysis ♦ 原価 (cost), 販売量 (value), 利益 (profit) の関係を分析する手法。直接原価計算の考え方を前提として、売上高に関する指標 (販売単価, 販売量など), 原価構造についての指標 (変動費, 固定費など) に変化が生じた場合に利益に及ぼす影響を分析するもので、企業経営の利益計画を作成する上で重要な手法とされている。

D

DCF法 discount cash flow method ♦ 投資意思決定をするに際し、投資により発生する将来のキャッシュ・フローを一定の割引率を用いて割り引くことにより、その投資の現在価値を計算する方法。現在得られるキャッシュ・フローと将来得られるキャッシュ・フローとが同額である場合、期待利回り分だけ現在のキャッシュ・フローのほうが価値が高いという考え方に基づく。土地や債券の評価によく用いられるが、会計においても減損会計や貸倒引当金の設定対象となる債権などにも使用される。資産や債権が将来どのくらいの収益を獲得するかを指標にするため、同一の前提であれば計算結果を比較する場合には有効であるが、将来のキャッシュ・フローの見積もり方や見積期間、割引に使う利子率をどのようにするかで結果が大きく異なる。

E

EDINET Electronic Disclosure for Investors' NETwork ♦ 有価証券報告書、半期報告書等の証券取引法に基づく開示書類に係わる電子開示システムをいう。上記書類の提出会社は、当該システムにより、財務局に書類を持ち込まなくともインターネット上で提出が可能で、閲覧も可能となった。

EDI取引 Electronic Data Interchange ♦ 受注や発注を企業

間のパソコンによる電子データの交換により行う取引をいう。

EPS earnings per share ♦ →1株当たり当期純利益（当期純損失）

EVA economic value added ♦ 企業価値評価指標で，ある一定期間に企業が生み出した経済的付加価値を示す。税引後営業利益から資本コストを差し引くことで求められる。

F

FAS Statement of Financial Accounting Standards ♦ FASBが作成した会計基準をいう。SFASとも略す。 → FASB

FASB Financial Accounting Standards Board ♦ 米国の財務会計基準審議会。米国の財務会計基準を作成し公表している。

G

GAAP Generally Accepted Accounting Principles ♦ 一般に公正妥当と認められた会計原則をいう。企業会計原則及び財務諸表等規則や，企業会計基準委員会等が制定した会計処理基準，実務指針等を指す。

I

IAS International Accounting Standards ♦ 国際会計基準。国際会計基準審議会（International Accounting Standards Board＝IASB）等の組織により，世界中で通用する単一の会計基準として広く認知・適用させる活動や，各国の会計基準を収斂させ，会計基準の国際的統一を目指す活動を進めている。現在のIFRS。→IFRS

IASB International Accounting Standards Board ♦ 国際会計基準審議会。会計基準の信頼性と国際的な共通性を確保することを目的とした国際組織である。→IAS

IASC International Accounting Standards Committee ♦ IASBの前身。

IFRS International Financial Reporting Standards ♦ 国際財務報告基準。IASの新しい呼び名。IASBが設定する会計基準の総称で，国際的に承認され適用されることを目的とする。

IOSCO International Organization for Securities Commissions ♦ 証券監督者国際機構。米国のSECなど各国の証券行政監督機関で構成し，証券取引規制等につき国際間で協力している。日本の金融庁や証券取引等監視委員会も参画している。

IPO initial public offering ♦ →株式公開

IR investor relations ♦ IR（インベスター・リレーションズ）とは，企業が投資家等に対して行う情報提供をいい，ディスクロージャーとしての開示情報だけでなく，投資判断に有用となるすべての情報が対象となる。情報開示については，会社法や証券取引法（金融商品取引法），証券取引所による上場規則などの規制によるものがあり，これ以外にも企業が独自に作成したものや将来の予測情報がIRとして提供される。最近では，企業イメージや株価の形成を目的としており，特に増加する個人株主に対してインターネットを利用したIRが盛んである。

L

LBO leveraged buyout ♦ ある企業を買収しようとする場合，相手先企業の資産や将来のキャッシュ・フローを担保に金融機関から買収資金を借り入れる方式。少ない自己資金での買収が可能となるが，失敗時には多額の債務を背負う等の

リスクがある。

LLP Limited Liability Partnership ◆ 平成17年8月から施行された「有限責任事業組合契約に関する法律」に基づいて導入された新しい事業体で、有限責任組合（Limited Liability Partnership）の略称。経済産業省が日本の経済活力の向上を目指すために海外の制度を参考にして導入したもので、個人または法人が共同で事業を行うための組合契約であり、組合員は出資額を限度とする責任しか負わない。LLPは、組合契約を締結し、出資金を事前に銀行口座に払い込んだ後に登記することにより設立することができる。収益が上がった場合には組合であるLLPの所得には直接課税されず、割り振られた分配額が組合員の所得と合算して課税される（パススルー課税）。他方で、LLPが損失となったときは出資額を限度としてそれぞれの組合員の課税所得から控除されるなど節税メリットもある。株式会社のように取締役や監査役などを設けることなく、組合員が出資比率にかかわらず自由に話し合いで経営に関する内容を決めることができる。

M

M＆A mergers and acquisitions ◆ 企業の合併、買収のこと。主に事業規模・マーケットシェアの拡大や企業再編、多角化といった目的で用いられる。米国でよく行われていたが、わが国でも近年活発に行われるようになった。買収の手法としては株式公開買付（TOB）、レバレッジ・バイアウト（LBO）、マネジメント・バイアウト（MBO）などがある。

MBO management buyout ◆ 企業の経営者が、自らの会社の株式や特定事業部門、子会社などを買収することをいい、M＆Aの一手法である。資金力の関係から、銀行やベンチャーキャピタルとの連携で行われることが多く、LBOとの組み合わせで行われることもある。

P

PCAOB Public Company Accounting Oversight Board ◆ 公開企業会計監視委員会。SO法の成立により設置され，監査基準の審議，決定を行い，監査事務所の検査を直接行う。SECの会計事務局（Chief Accountant Office）の直轄で，不正会計疑惑につき調査を行う。

PL profit and loss statement ◆ 損益計算書のこと。P/Lとも記載する。→損益計算書

R

ROA return on assets ◆ 総資産利益率（総資本利益率ともいう）。当期利益を総資本で割った比率で，企業に投下された総資産が，利益獲得のためにどれほど効率的に利用されているかを見るもの。ROAは，以下に展開され，分析されることが多い。

ROA＝当期利益／総資産
　　＝当期利益／売上高×売上高／総資産
　　　（売上高利益率）　（総資産回転率）

ROAと同様に資本効率を見るための指標であるROEが資本構成の影響を受けるのに対して，ROAは資本構成の影響を受けずに総資本の経営効率を判断することができるとされる。

ROE return on equity ◆ 自己資本利益率（株主資本利益率ともいう）。当期利益を株主資本で割った比率で，株主資本の経営効率を判断するのに用いられる。ROEは，以下に展開され，分析されることが多い。

ROE＝当期利益／自己資本
　　＝当期利益／売上高×売上高／自己資本
　　　（売上高利益率）　（自己資本回転率）

ROEを高めるためには，利益率を高めるか，より少ない資本でより多くの売上を獲得する必要がある。なお，会社が借入コストを上回る利益を生むビジネスに投資できるのであれば，借入を用いて資金調達を行うことでROEを高めることが可能であり，レバレッジ効果と呼ばれる。

ROI return on investment ♦ 投下資本利益率。または使用総資本利益率。投資効率を判断するのに用いられる。経常利益を投下資本（または使用総資本）で割った比率。この比率は，次のように展開され，分析されることが多い。

ROI＝経常利益／投下資本（または使用総資本）
　　＝経常利益／売上高×売上高／投下資本
　　（売上高経常利益率）(投下資本回転率)

S

SEC Securities and Exchange Commission ♦ 米国証券取引委員会。証券業関連法の監督と行政を司り，証券市場，証券業界，企業など広範囲にわたり監督する。SECの所管下にPCAOBを置き，会計事務所等も監督する。SEC regulation S-X（SEC様式）を制定し財務諸表の様式や内容等を定め，主要な会計問題に係る見解や指針を示す。会計実務に対しても大きな影響力を持つ。

T

TOB take over bid ♦ 株式の公開買付。企業買収の際に，株式を買い集める側が，買付株式数，買付価格，買付期間などを公表し，市場を通さずに被買収会社の株式を取得すること。買付価格は，通常，市場で売買される価格より高く設定される。

あ

アウトプット法 out-put method ◆ 標準原価計算の上で直接材料費、直接労務費などについて生産量の実績が明確となった時点で標準直接材料費、標準直接労務費を算出し、これらと実際額とを比較して原価差異を分析する方法。原価計算期末に、実際原価が判明した時点で原価差異を把握することからこの名がつけられている。勘定記入の方法では、パーシャルプランと結びつく。

青色申告制度 blue return system ◆ 法人税法及び所得税法に設けられている制度。青色の申告書で申告するもので様々な税務上の特典がある。もともと納税に正しい記帳習慣をつけさせるために設けられ、複式簿記による記帳義務と帳簿書類保存義務が課されている。特典には、欠損金の繰越控除や各種準備金の積立などが用意されている。

アカウンタビリティ accountability ◆ 説明責任。企業経営者は、出資者から出資を受け、これを運用して企業活動を行っている。つまり、出資者と経営者との間には、企業財産の委託者と受託者という関係がある。そこで、受託者である企業経営者は、出資者に対し、受託された企業資産の保全、管理、運用状況、ひいては企業活動全般の成果について報告し、説明を行わなければならないとされている。会計責任ともいわれる。近年、企業の粉飾決算が明るみに出ているが、これらはアカウンタビリティの欠如が招いた結果ともいえる。

アキュムレーション法 accumulation method ◆ 債券を額面金額より低い価額で取得した場合、その差額を償還までの期間に配分し、帳簿価額を増加させていく方法。当該差額は利息の調整項目と捉え、有価証券利息で処理する。

アクチュアリー ◆ →年金数理人（アクチュアリー）

預り金 deposit received, money in custody ◆ 営業上の理

由で取引先等から預かった金銭や，従業員等から源泉徴収した所得税等を処理する勘定。営業上契約履行の担保としての営業保証預り金や，賃貸借契約に伴う賃借人の賃料未払い等に備える預り敷金等がある。

預合 ◆ 設立時や増資時における払込の仮装行為の一種であり，会社法で厳しく禁止されている。具体的には，発起人や取締役が，払込取扱いの金融機関から借入を行い払込金とし，会社の預金に振り替え，この借入金を返済するまでは預金を引き出さないことを約することをいう。

圧縮記帳 compressed entry ◆ 国庫補助金，工事負担金や保険金を受け取って，あるいは交換によって，固定資産を取得した場合に，取得した固定資産の帳簿価額を減額すること。法人税及び租税特別措置法により定められた制度。例えば，固定資産を取得するために国庫補助金を受け入れた場合，受贈益を計上しなければならないが，これに対して法人税がただちに課されると，納税分だけ資金不足となり，目的が達成できなくなってしまう。そこで，固定資産を購入した際には，受け入れた金額と同額を「固定資産圧縮損」として計上するとともに固定資産額を減額（圧縮）する。すると，補助金相当額は課税されずにその全額が固定資産の購入に充てられる結果となる。ただし，これは法人税が免除されるわけではなく，固定資産の減額をすることにより減価償却費は減額しない場合と比べて少なくなる。そのため，その後の課税所得は多くなる。つまり，圧縮記帳は，課税の繰延という効果が生じる。企業会計においても，企業会計原則注解24においてこれらの処理が認められている。また，圧縮記帳の方法には，上記のような帳簿価額を直接減額する方法（直接減額方式）のほかに，利益処分において「固定資産圧縮積立金」として申告調整において減額する方法も認められている。なお，企業会計では，取得原価主義を前提とするため，直接減額方式よりは利益処分による方法が望ましいとされている。

圧縮積立金 reserve for deferred income tax ◆ 圧縮記帳の

処理を利益処分方式で行った場合の科目。圧縮（減額）される額からこれに法定実効税率を乗じた額を差し引いたものが圧縮積立金として計上される額となる。

アップストリーム up stream ♦ 親子会社間の取引を川の流れに例え，子会社等（川下）から親会社（川上）への販売取引をアップストリームといい，親会社（川上）から子会社等への販売取引をダウンストリームという。特に持分法会計においては，持分法適用会社との取引にかかる未実現損益の消去について，その取引がアップストリームかダウンストリームかによって処理方法が異なることとなる。

後入先出法 last-in first-out method ♦ 棚卸資産の払出価格を計算する方法の１つ。最も新しく取得したものから先に払い出すと想定し計算する方法。後入先出法は，インフレーションのもとで，先に仕入れた安価品が残高として残り後から仕入れた高価品を払い出すため，インフレ利益を排除できる一方，実際のものの流れと整合しない。

アニュアルレポート annual report ♦ 年次報告書。特にわが国では，株式や債券を上場している企業等が，海外の株主や投資家を対象に財務諸表等を英文で記載したものを指す。

アモチゼーション法 amortization method ♦ 債券等を額面金額より高い価額で取得した場合，その差額を償還時までの期間に配分し帳簿価額を減少させていく方法。その差額は利息の調整項目と捉え，利息のマイナスとして処理する。

洗替法 ♦ 低価法の１つで洗替低価法ともいう。原価時価比較低価法とも呼ぶように，取得原価と時価とを比較し，より低い時価を評価額とした場合でも，次期は当初の取得原価を評価額計算の基礎とする。

粗利益 gross margin ♦ ①商製品・サービスの売り値から原価を差し引いた利益。企業活動における収益の源泉であり，儲けの大小を最も端的な形で示している。②損益計算書上，売上から売上原価を差し引いた売上総利益のこと。

い

委員会設置会社 ♦ 会社法において，委員会を置くことを定款に定めた会社をいう。会社が委員会設置会社を選択した場合には，指名委員会，監査委員会及び報酬委員会ならびに執行役を置く必要があり，監査役を置くことはできない。各委員会は，3名以上の取締役で構成され，そのうち過半数は社外取締役でなければならない。執行役による迅速な業務執行と各委員会による監督機能の充実を目的としており，米国型企業統治モデルと評される。指名委員会では取締役の選任・解任に関する株主総会の議案の内容を決定し，監査委員会では取締役等の職務の執行の監査を行い，報酬委員会では取締役等が受け取る報酬を決定する。

意見差控 disclaimer of opinion ♦ 監査人が，重要な監査手続が実施できないことなどを理由として，監査意見を表明するに足る合理的な基礎が得られないために意見を表明しないこと。この場合には監査報告書には，財務諸表に対する意見を表明しない旨及びその理由が記載される。

意匠権 copyright in registered design ♦ 意匠とは物品の形状や模様などを指し，意匠権とはこうした物品のデザインに関する独占権をいう。物品の新しいデザインを創作し意匠権を取得すると，登録意匠や類似する意匠は，原則として権利者だけが独占して製造，販売できる。

一行連結 one-line consolidation ♦ →持分法

一時差異 temporary difference ♦ 貸借対照表に計上されている資産及び負債の金額と課税所得計算上の資産及び負債の金額との差額。会計における収益及び費用と，法人税法における益金及び損金の認識時点に違いが生じるものがあるが，その結果，会計上の資産または負債の額と，税務上の資産または負債の額に差異が生まれる。これを，一時差異という。一時差異は，会計と税務とでの認識時点が異なることから生

じるものであるため、将来的には必ず解消される。例えば、減価償却費について税法の償却限度額を超えて実施した場合には、税務上は限度超過部分については否認されるために、固定資産にかかる貸借対照表価額は会計上の額よりも税務上の額が大きくなる。しかし、将来においては、償却や除却、売却によりこの差異は解消される。この認識時点の差異によって生じる一時差異は、将来の税金を減少させる効果のある「将来減算一時差異」と、将来の税金を増加させる効果のある「将来加算一時差異」とに分けられる。一時差異は、将来において解消されるまでは、その税額に相当する額が繰延税金資産または繰延税金負債として貸借対照表に計上される。

一取引基準 one-transaction approach ◆ 外貨建取引とその決済取引までを1つの取引とみなし会計処理を行う考え方。一取引基準では、決済時に外貨建取引の円価額を確定させるため、取引から発生した金銭債権債務に係る為替差損益は認識せず、決済時まで収益や費用が確定しない。

Ⅰの部 ◆ 上場申請のための有価証券報告書（新規に取引所に有価証券の上場申請をなす会社が取引所に提出する書類をいう）の一部で、取引所が事業内容等を把握するための審査資料の1つ。上場会社が毎期提出する有価証券報告書と類似するが、「証券情報」（募集要項、売出要項など）が追加されているほか、未監査の過去の財務情報を「特別情報」として記載することを要求している点が特徴。

一括償却資産 ◆ 法人税法において業務用に使用している減価償却資産のうち10万円以上20万円未満のものをいう。法人税法では、少額の固定資産（少額減価償却資産）については減価償却を行わずに購入した時点で全額を損金にできるが、平成10年から、一括償却資産として10万円以上の少額減価償却資産については、使用を始めた年度から一括して3年間で均等償却することとなった。通常の減価償却資産と同様に本来の耐用年数で償却することも可能であるが、その場合には

税務メリットは受けられないことになる。また，20万円未満のものについては少額減価償却資産と同様に費用で処理した上で，損金不算入部分を申告調整を行う方式もある。

一括評価金銭債権 ♦ 法人税法における貸倒引当金の対象となる債権のうち，売掛金，貸付金その他これらに準ずる金銭債権で，個別評価金銭債権を除いたもの。個別評価金銭債権は，その一部について回収不能が見込まれるもので，債務者ごとに回収不能見込額を算定することにより，また，一括評価金銭債権は，過去3年間の貸倒実績率を乗じることにより貸倒引当金の繰入限度額を計算する。

一般原則 general standards ♦ →企業会計原則

一般債権 normal loans and receivables ♦ 金融商品会計における債権区分の1つで貸倒懸念債権や破産更生債権等以外の債権のことで，いいかえると，経営状態に重大な問題が生じていない債務者に対する債権をいう。期末に貸倒引当金をどのくらい計上するかということは，翌期に貸倒がどのくらい発生するかを見積もることである。金融商品会計では，債権を「一般債権」と「貸倒懸念債権」，「破産更生債権等」の3つに区分して，それぞれの区分に応じた見積もりを行うことになっている。一般債権については，過去の貸倒実績率等を算出して期末における一般債権の額にこれを乗じることになる。その方法には以下の3つの方法がある。①一般債権全体に貸倒実績率等を乗じる方法。②一般債権のうち取引の要因別（勘定科目毎など）に貸倒実績率等を乗じる方法。③損益区分（営業債権と営業外債権）や期間区分（短期と長期）に分けて貸倒実績率等を乗じる方法。→貸倒実績率

移転価格税制 transfer pricing taxation system ♦ 企業が海外にある関連会社との取引を行う際に，販売価格等を意図的に高くしたりするなどして通常の取引価格（独立企業間価格）と異なる場合には，例えば所得が税率の安い海外に移転する結果，国内の企業に課される税金が少なくなるなどの弊害が生じる。これらの弊害を防止し，適正な国際課税を実現

するために, 独立企業間価格で取引が行われたとみなして課税所得を算出する制度を移転価格税制と呼ぶ。法人税法における「国外関連者との取引に係る課税の特例」の制度であり, 内国法人である企業と内国法人との間に一定の資本関係や実質的な支配権を有する特殊な関係のある外国法人 (国外関連者) との取引が対象となる。なお, この制度は租税回避行為など不正な目的を防止することを目的とするものではあるが, そのような目的がない場合でも適用される。また, 平成15年度税制改正において, 平成15年4月1日以降に開始する事業年度から, 税務申告時に提出する別表において「移転価格算定方法」の開示が要請されている。

移動平均法 moving-average method ♦ 棚卸資産等の払出価格の計算方法の1つ。新たな取得分と過去の在庫残高とを合計し合計金額を合計数量で割って払出単価を計算する方法。平均単価はそのつど改定する。

違法配当 ♦ 分配可能額の規定に違反して行われた配当。たこ配当ともいう。会社法上, 剰余金の配当は分配可能額の範囲内で行うこととされ, これを超えて配当がなされた場合, 受け取った株主に対して, 会社あるいは会社債権者は返還を請求できる。また, 取締役は違法配当額を弁済しなければならず, 刑事罰を受けることになる。

インカムゲイン income gain ♦ →キャピタルゲイン

インサイダー取引 insider trading ♦ 会社の役員, 社員などが, その立場を利用して未公開の情報を入手し, 自社株式などの売買を行うこと。これが行われると, 事前に情報を入手し得ない一般投資家が不利益を被ることから証券取引法で規制されている。

インタレスト・カバレッジ・レシオ interest coverage ratio ♦ 営業利益に受取利息, 配当金を合計し支払利息で割って求めた比率。借入利息等の金融費用の支払能力を表し, 企業の安全性の指標として用いられる。

インプット法 in-put method ♦ 標準原価計算の上で直接材

料費,直接労務費などについて投入時に実際の額を把握し,これと標準投入額とを比較して原価差異を分析する方法。勘定記入の方法では,シングルプランと結びつく。

インフレーション会計 inflation accounting ♦ 物価が大幅に上昇し貨幣価値が下落している際に,実質的な価値を表すことを目的として,一般物価指数により再評価して資産価値を修正する会計手法。物価変動会計,貨幣価値修正会計ともいわれる。

う

受取手形 notes receivable-trade ♦ 通常の営業取引に基づき発生する手形債権。法律上は,約束手形,為替手形の区別があるが,会計上は,受け取った手形は金銭債権を表すものとして受取手形勘定で処理する。流動資産に計上するが,破産債権に分類される手形や,営業外の活動による受取手形は1年基準で流動・固定の区分を行う。

裏書手形 notes receivable endorsed ♦ 仕入代金の支払などを,他社から受け取った手形を譲渡することにより行う場合,これを手形の裏書といい,裏書された手形を裏書手形という。裏書を行う場合には,実際に手形の裏側に記名・捺印を行い,手形を相手に譲渡する。なお,裏書人は手形の満期日まで,被裏書人及びそれ以後の手形取得者に対し手形代金を支払う義務を負うが,会計上は裏書の場合でも受取手形の消滅を認識し,偶発債務として別途,注記される。

売上原価 cost of sales, cost of goods sold ♦ 売上商品等に係る仕入原価や製造原価。期首商品棚卸高に当期商品仕入高を加え,期末商品棚卸高を控除して算出する。

売上原価明細書 schedule of sales cost ♦ 財規上の損益計算書では,売上原価は商品(または製品)期首棚卸高に当期商品仕入高(または当期製品製造原価)を加算し,商品(または製品)の期末棚卸高を減算して表示するが,売上原価を

区分して記載できない（不適当な）場合は，売上原価の内訳を記載した明細書を損益計算書に添付する。この明細を売上原価明細書という。連結損益計算書では「売上原価」としての表示で足り，売上原価明細書は要しない。

売上債権 trade receivable ◆ 主たる営業からもたらされる債権で，受取手形や売掛金を合わせて呼ぶ。売掛債権，受取勘定などともいう。

売上総利益 gross profit ◆ 売上高から売上原価を控除して得られる利益。粗利益とも呼ぶ。

売上高 sales ◆ 販売活動の成果を示す金額で，商品・製品の販売，役務の給付により実現した収益を表す。実現主義に基づき，毎期継続して収益の計上を行う。

売上値引 sales allowance ◆ 売上品の品質不良，数量不足，破損等の理由で，売上代金の一部を差し引くこと。

売上戻り高 sales return ◆ 売上済みの製商品が，品質の欠陥や破損等により返品された際，売上高の控除項目として処理する返品金額。

売上利益率 gross margin ratio ◆ 利益を売上で割った比率。利益率が高ければ収益力が大きいことを意味している。売上利益率には，売上総利益率，営業利益率，経常利益率，当期純利益率などがある。

売上割引 sales discounts ◆ 売掛金につき支払期日より早く支払を受けた場合に一定の割引を行うこと（金利分の割引）。金融上の費用であり，売上値引とは異なる。

売上割戻 sales rebates ◆ 一定の期間に多額または多量の取引をした得意先に対し，売上代金から一定割合を差し引くこと。

売掛金 accounts receivable-trade ◆ 得意先との間の通常の取引に基づき発生した営業上の未収入金。役務の提供による営業収益で未収のものを含む。

え

永久差異 permanent difference ◆ 会計における収益及び費用と，法人税法における益金及び損金の認識の違いから生じるもののうち，認識時点の相違によるものを一時差異といい，これ以外の認識範囲の相違によるものを永久差異という。会計上は費用であるが税務上は損金とならない寄付金や，会計上は収益であるが税務上は益金とならない受取配当等によって生じる。将来的に解消される一時差異と異なり，永久差異はその認識の範囲が異なるために解消されることがない。そのため，一時差異のようにその税金相当額が繰延税金資産または繰延税金負債となることはない。

営業外収益 non-operating income ◆ 営業活動以外の原因に基づき生じる収益で経常的に発生するもの。受取利息・割引料，有価証券利息，受取配当金，仕入割引等の金融上の収益のほか，有価証券売却益，投資不動産の賃貸料等がある。

営業外費用 non-operating expenses ◆ 営業活動以外の原因により生じる費用で経常的に発生するもの。支払利息・割引料，社債利息，社債発行差金償却，売上割引等の金融上の費用のほか，社債発行費償却，創立費償却，開業費償却，有価証券売却損，有価証券評価損，原材料評価損等がある。

営業活動によるキャッシュ・フロー cash flows from operating activities ◆ キャッシュ・フロー計算書の表示区分の1つ。営業損益計算の対象となる商品の販売及び役務の提供や購入といった主たる営業活動のキャッシュ・フローの状況を示す区分である。なお，有価証券報告書で開示が求められる営業活動によるキャッシュ・フローには，上記のほか投資活動及び財務活動以外の取引によるキャッシュ・フローが含まれる。

営業権 goodwill ◆ →のれん

営業収益 operating revenue ◆ 企業の営業活動により得ら

れた収益。売上高や役務収益等の総称。

営業損益 operating profit and loss ♦ 損益計算書における計算区分の1つで，営業活動により生じる収益と費用の差額。

営業費用 operating expenses ♦ 営業収益に対応する費用。売上原価，販売費・一般管理費の総称。営業外費用と区別する。

営業報告書 business report ♦ 旧商法に規定されていた計算書類の1つ。会社の状況に関する重要な事項を記載し開示するもの。なお，会社法では，営業報告書に代わって計算書類以外の書類として事業報告の作成が義務付けられている。

営業利益 operating income ♦ 営業損益計算により算出する利益。営業収益から営業費用を差し引いて算定され，企業の営業活動の実質的な成果を示す。

影響力基準 significant influence ♦ →関連会社

英米式決算法 ♦ 決算で会計帳簿を締め切る際に，資産，負債，資本の各勘定について「次期繰越」を記入し，これに見合って反対の側に前期繰越を記入する方法。この手続だけでは貸借の一致が確認できないので繰越試算表を作成し，これを検証する。英米式決算法は大陸式決算法と異なり，帳簿を締め切る上で仕訳を行わない。つまり仕訳帳を通さないで繰越記入を行うことが特色とされる。

益金 taxable revenue ♦ 法人税法において税額を算定する基礎となる所得金額を構成するもので，会計における収益に相当する。益金のほとんどは収益に一致するが，収益であっても益金でないもの（益金不算入項目）や，反対に収益ではないが益金となるもの（益金算入項目）がある。益金不算入項目には受取配当金などがある。なお，法人税の申告の際には，益金不算入項目は申告調整により課税所得の金額から除かれる。

エンロン事件 Enron fraud case ♦ 2001年12月に倒産した米国の総合エネルギー会社大手のエンロンに係る巨額の会計不正。同社は実質的に多額の負債を抱えていたが，SPEを連結

対象から除外することで簿外負債として処理していたこと等を原因として倒産に至り，米国会計制度への不信を招いた。この事件により，同社の会計監査を担当した会計事務所アーサーアンダーセン（ビッグ5の1つ）が破綻し，サーベンス・オクスリー法（SO法）の制定へと影響が波及した。

お

黄金株 shares with veto right ♦ 種類株式の1つであり，定款で定めた拒否権付株式のこと。会社の合併などの議案を否決できる特別な株式であり，友好的な第三者へ黄金株を発行することで，敵対的買収などへの防御策ともなる。

オプション取引 option transaction ♦ 株式や債券等の商品を将来の一定期間内（または一定期日）に，特定の価格で買う権利（コールオプション）または売る権利（プットオプション）を売買する取引をいう。株式につき，コールオプションを買った場合，その後，株価が高くなると買う権利を行使して利益を得る。株価が安くなると買う権利を行使しないでオプション料相当の損失が実現する。株式，債券のほか金利や通貨等も取引の対象商品となる。

オフバランス取引 off balance transaction ♦ 正式にはオフバランスシート取引。会計事象であるにもかかわらず，貸借対照表に計上されない取引のこと。

オペレーティングリース operating lease ♦ ファイナンスリースに該当しないリース取引をいい，通常の場合，レンタルや賃貸借，再リースもオペレーティングリースに該当する。オペレーティングリースは賃貸借処理を行うが，解約不能な取引については，解約不能期間における未経過リース料残高を1年内と1年超に区分して注記する。なお，一定の要件に該当する場合には，注記を省略できる。

親会社 parent company ♦ 会社法では，子会社などの他の株式会社の経営を支配している法人として法務省令で定める

ものをいう。旧商法では，他の会社の議決権の過半数を有する会社としていたが，実質的な支配力基準へ改正され，証券取引法の考え方とほぼ同一のものとなっている。

親会社株式 share issued by parent company ♦ 子会社が所有する親会社の株式。株式交換や合併，事業全部の譲受，吸収分割等の例外的な場合を除き，子会社による親会社株式の取得はできない。取得したら早期に処分しなければならないため，貸借対照表上，流動資産に親会社株式の科目で区分掲記する（金額僅少なら注記も可能）。

か

外貨換算会計 accounting for foreign currency translation ♦ 外貨表示の金額を円表示の金額に表示替えすることを外貨換算といい、これを扱う会計を外貨換算会計という。外貨換算会計では、外貨建取引、在外支店や在外子会社の財務諸表の円換算の処理を取り扱う。現行基準に準拠した処理は以下の通り。①外貨建取引ⓐ発生時の処理は取引発生時の為替相場で換算ⓑ決算時の処理は子会社株式等の一部の項目を除き決算時の為替相場により換算②在外支店の財務諸表項目の処理は本店の処理方法と同様の換算③在外子会社の処理は資産・負債は決算時相場、資本は取得時の為替相場、収益・費用は期中平均相場または決算時為替相場により換算。

買掛金 accounts payable-trade ♦ 通常の取引に基づき発生した営業上の債務で、材料や商品、製品等を仕入れた代金の未払分。

買掛債務 trade payable ♦ →仕入債務

外貨建取引 foreign currency transaction ♦ 外国通貨単位で表示する取引。外貨建取引等会計処理基準注解では、国内の製造業者等が商社等を通じて輸出入取引を行う場合でも、輸出入取引により商社等に生ずる為替差損益を製造業者等が負担する等、実質的に取引価額が外国通貨で表示される取引と同等なら、外貨建取引に該当するとしている。

開業費 start-up costs ♦ 会社設立後、営業開始までに支出した開業準備のための費用。会社設立後、開業のための準備期間に発生した事務所賃貸料、広告費などが該当する。旧商法では、繰延資産として処理でき、開業後5年以内に、毎決算期に均等額以上の償却を行い費用処理しなければならないこととされていた。

会計 accounting ♦ 利用者が、判断や意思決定を行うことができるように、企業等の活動を貨幣的に認識・測定し、数値

として記録した上で，報告するプロセス。会計は，その目的や対象により内容，様式が多岐にわたる。

会計慣行 accounting practice ♦ →公正な会計慣行

会計監査 financial audit ♦ 会社，団体などの会計記録を対象として実施される監査のこと。制度として実施される会計監査としては，証券取引法及び会社法において実施が求められる監査法人または公認会計士によるものと，会社法において求められている監査役による会計監査などがある。

会計監査人 independent accountant ♦ 会社法に基づいて，大会社等の計算書類等について，監査を行う者。会計監査人は，公認会計士または監査法人である必要があり，会計監査人の任期は1年とされ，株主総会で選任される。会計監査人が計算書類等を適正であると認め，監査役が当該結果を相当と認めるなど，一定の要件を満たしたときには，計算書類は，株主総会において報告事項となる。

会計監査人設置会社 ♦ 会社法において会計監査人を置いている株式会社のことをいう。大会社以外の株式会社は定款によって会計監査人を設置することができることになった。

会計期間 fiscal period, accounting period ♦ 企業は損益計算上，一定の期間を区切り，その期間の業績を算定する。当該期間のことを会計期間という。年1回決算の場合には期初から期末までの12カ月間が1会計期間となる。現代の企業は，反復継続的に事業活動が行われていることから，一定期間を区切って期間損益計算を行う必要がある。この区切られた一定期間を会計期間という。

会計基準 accounting standard ♦ 会計実務を指導し会計目的を達成するための会計行為の解釈指針。一般に会計原則と同義で用いる。会計上の測定，評価，開示に関連するルールと手続を規制する社会的規範を意味する。

会計基準変更時差異 transitional liability for defined benefit plan ♦ 退職給付会計の導入時において，それまで計上していた退職給付に関する引当金と新たに把握された債務額との

差額のこと。退職給付会計が導入された際に,多くの企業では長年にわたる積立不足などの影響がいっきに認識された。これは,新会計の計算では,過年度の損益としての性格を持つため,一時の損益として処理すべきものであるが,企業の経営成績などの期間比較を損なう恐れがあったため,政策的に15年以内の一定の年数で償却(遅延認識)することが認められた。退職給付引当金の算出においては,数理計算上の差異や過去勤務債務と同様に未償却残高が未認識項目となっている。もともと政策的に定められた遅延認識項目であり,いったん設定した償却年数を変更することは原則として認められない。

会計原則 accounting principles ♦ →会計基準,企業会計原則

会計公準 accounting postulates ♦ 企業会計原則を存立させる基盤となるもの。企業会計は会計公準を前提に理論形成され,実践している。

会計参与 ♦ 会社法で新たに設けられた制度で,取締役等と共同して計算書類等を作成する機関のこと。株式会社では,定款で定めれば会計参与を設置することができる。株主総会の普通決議で選任され解任されるが,資格は公認会計士,監査法人,税理士,税理士法人に限定されており,株式会社またはその子会社の取締役,監査役,執行役,会計監査人または支配人その他の使用人を兼ねることはできない。任期は取締役と同様で原則2年以内となっているが,員数については特に定めがないため2人以上でもよい。株主総会では計算書類等の作成について株主の求めに対して説明をする義務があり,会計参与は会社とは別に計算書類等を5年間保存しなければならない。責任については社外取締役と同様の規定が適用されており,株主代表訴訟の対象となる。会計参与の氏名や名称等は登記される。

会計専門職大学院 graduate school of professional accountancy ♦ 会計プロフェッションの育成を目的に設立さ

れた大学院。2003年の改正学校教育法施行により始まった制度である。修了者には会計修士の学位が付与される。また，2006年度からの公認会計士試験においては，短問式試験の科目が一部免除となる。

外形標準課税 size-based taxation ♦ 所得に対して課税されるものではなく，法人等の売上高や資本金，床面積など外形的なものを基準に課税される方法をいう。そもそも事業税は事業を行う者に対して地方自治体から提供されるサービスを負担することを目的としているため，赤字の会社にも税負担させるべきであるという議論がなされていた。そこで，平成15年度税制改正により法人事業税に導入され，資本金1億円を超える普通法人（外形対象法人）に対して平成16年4月1日以降に開始する事業年度から適用されることになった。これまでの所得割については税率が引き下げられたが，外形標準課税として報酬給与や支払利息等を課税標準とした付加価値割と，資本金と資本積立金を課税標準とした資本割を合わせて課税される。

会計方針 accounting policies ♦ 企業が採用する会計処理の原則及び手続ならびに表示の方法をいう。有価証券や棚卸資産の評価基準・評価方法，固定資産の減価償却方法，繰延資産の処理方法，引当金や収益・費用の計上基準等がある。1つの会計事実に対し複数の処理方法を取れる場合処理方法により結果が異なる。このため，重要な会計方針は財務諸表に注記する。注記内容は財務諸表等規則等で規定している。

会計方針の変更 change in accounting policy ♦ 従来採用していた会計方針から他の会計方針に変更すること。1つの会計事実に複数の会計処理の原則及び手続ならびに表示の方法が認められる場合にみだりに方針を変更すると利益操作につながり財務諸表の期間比較が困難となる。このため会計方針は正当な理由がなければ変更できない。財務諸表等規則では会計方針の変更につき，①会計処理の原則または手続を変更した場合，その旨，変更の理由及び当該変更が財務諸表に与

える影響の内容，②表示方法を変更した場合，その内容，③キャッシュ・フロー計算書の資金の範囲を変更した場合，その旨，変更の理由及び当該変更がキャッシュ・フロー計算書に及ぼす影響の内容を注記することを定めている。

外国税額控除 foreign tax credit ♦ 会社が稼得した所得のうち外国で稼得したものや外国の会社からの配当金に対して外国で支払った税金のうち一定のものは，納付すべき法人税額から控除できる制度。わが国の法人税法では全世界所得に対して課税されるために，二重課税にならないようにこの制度が設けられている。なお，外国税額控除は3年間の繰越が認められているために税効果会計の一時差異に準ずるものとして繰り越される税額が繰延税金資産となる。

外国法人 foreign corporation ♦ →内国法人

開示後発事象 non-adjusting events after the balance sheet date ♦ →後発事象

会社更生法 corporate rehabilitation law ♦ 再建型の法的倒産手続の1つで倒産状態に陥ったものの再建の見込みがある株式会社の事業維持と再建を目的とした法律。昭和27年に施行された。裁判所に申し立てると，裁判所は保全管理命令と更生手続開始を決定する。管財人が選任され会社財産と経営権を掌握し，旧経営陣は退陣する。株式会社のみに適用され，膨大な費用と時間がかかり厳格な手続が要求される。

会社分割 corporate separation, demerger ♦ 会社が事業の全部ないし一部を分離して，新設の会社または既存の他の会社に承継させる制度。特定の事業を分社化することにより，経営の効率化を図るなど組織再編成の一手法として用いられている。会社分割には，新設分割と吸収分割があり，新設分割は，新たに会社を設立し，当該会社に分離した事業を承継させる方法である。一方，吸収分割は，既存の会社に分離した事業を承継させるものである。また，承継する事業の対価として発行する株式を誰が取得するかにより，分社型分割と分割型分割に分類される。分社型分割は，当該株式を事業の

分割元の会社に割り当てるものであり、分割型分割は、事業の分割元の会社の株主に割り当てる方法をいう。なお、会社法のもとでは分割型分割の概念は廃止された。

回収期限到来基準 ♦ →割賦基準

回収基準 collection basis ♦ →割賦基準

回収不能見込額 estimated future credit losses ♦ 金銭債権等の評価額を算定する際に、回収できない部分を合理的に見積もったもので、貸倒引当見積額ともいい貸倒引当金として計上されうるもの。金融商品会計では回収可能額を見積もってこれを帳簿価額から減額して算出している。

回転期間 turnover period ♦ 資産や負債を主として売上高で割った数値。何カ月や何日と表示される。回転期間には、売上債権回転期間、棚卸資産回転期間、買入債務回転期間、総資産回転期間などがある。回転期間は、資産等が1回転するのにどれだけの月数または日数を要したかを示す。例えば、売上債権回転期間では、この期間が長いほど売上債権の回収条件や回収状況が悪いことを示している。

回転率 turnover ratio ♦ 主として売上高を資産や負債で割った数値。回転率には、売上債権回転率、棚卸資産回転率、買入債務回転率、総資産回転率などがある。回転率は、資産等が1年間に何回転したかを示す。

開発費 development cost ♦ 新技術または新経営組織の採用、資源の開発、市場の開拓等のため支出した費用、生産能率の向上また生産計画の変更等により、設備の大規模な配置替えを行った場合等の費用をいう。開発費は、繰延資産として、5年以内に償却することが認められているが、このうち経常的な性格を持つもの及び新技術の採用のうち研究開発目的のものは、発生時に費用処理する必要がある。

価格変動リスク market risk ♦ 金利や通貨、時価などの指標を原因として元本が毀損したり損失を被ったりするリスクのこと。

架空売上 fictitious sales ♦ 会社が故意に経理を操作して、

実際の売上よりも多額な売上を計上すること。これにより利益を捏造するなどして、本来よりも経営状態を良くみせるものであり、粉飾決算の一例である。

格付け rating ♦ 企業の発行する債券の利払いや元本償還の確実性の度合いを、第三者の評価機関がランク付けしたもの。投資家は、評価機関による「AA」「BBB」等の格付けを利用し、債務者等の信用力をふまえ投資判断を行う。

確定給付企業年金 defined benefit pension plan ♦ 平成14年4月より確定給付企業年金法が施行され、厚生年金基金、適格退職年金から移行することが認められることになった新しい確定給付型の企業年金制度のことで、「基金型」と「規約型」がある。適格退職年金制度は新たな設立が禁止されるとともに平成24年までに現行の制度が廃止されることになり、また、厚生年金基金は代行部分の返上が可能となるが、適格退職年金及び代行部分返上後の厚生年金基金は、制度そのものを廃止（終了）するか、この確定給付企業年金制度に移行することになる。新制度に移行する場合には、会計上は制度そのものが存続しているものと考え、「移行」の処理を行う。移行により退職給付債務が増加する場合は、増加する部分を過去勤務債務として認識し、移行日（規程改訂日）から償却する。また、退職給付債務が減少する場合は、支払を伴うときは支払により減少する退職給付債務は「制度の終了」として消滅を認識するが、支払を伴わずに減少するときは増加する場合と同様に減少する部分を過去勤務債務として認識し償却する。

確定拠出型年金 defined contribution pension plan ♦ 個人年金のポータビリティを促進し証券市場を活性化するため平成13年10月に施行された確定拠出年金法に基づく年金制度。その特徴は①掛金拠出額が決まっており給付額は加入者ごとに運用実績に応じて変動し、②運用リスクは加入者にあるため会計上退職給付債務を認識する必要はなく、③加入者ごとに個人勘定を設定して残高の変動を管理する点にある。メ

リットとしては，①事業主は運用リスクを負わない，②ポータビリティが確保される，③中小企業も導入できる，④掛金が損金（個人型は所得控除）となるなどがあるが，デメリットとしては，①掛金に上限があるため現行制度からの全面移行が困難，②移行の際には過去の積立不足を解消する必要があり，③給付が不安定，④60歳まで受給できないなどが挙げられる。これまでの退職給付制度からの移行に際しては，年金財政上の積立不足がないこと（フルファンディング）が要件となっており，積立不足相当額を一括拠出するか，給付減額により積立不足を解消するなどの措置を講じる必要がある。制度移行に当たっては，移行した部分については退職給付制度の終了となるため，退職給付債務の消滅を認識し，終了した部分の退職給付債務と減少分相当額の支払等の額との差額を一時の損益とすると同時に，未認識項目のうち終了部分に対応する金額を一時の損益とする。

確定決算主義 ♦ 法人税の計算は，株主総会で確定された決算に基づく利益に申告調整を行ってなされるという考え方のこと。わが国が採用している考え方で，会社法（従来は旧商法）と税法が密接に結びつくことで，会社や国にとっての税額計算が容易になる。しかし，会計上は，損金経理など税法にしばられた処理を行うことで実態を反映した適切な期間損益計算がなされないという指摘もある。

確定申告 final return, final declaration ♦ 所得及び税額を自ら確定させて申告，納付することをいい，わが国の法人税や所得税などで採用されている。国内の会社は事業年度終了の日の翌日から2カ月以内に納税地の税務署長に確定申告書を提出するが，会計監査や災害などの理由により提出できない場合には，その理由によって申告期限の延長が認められている。

確定方式 ♦ →連結剰余金計算書

確認 confirmation ♦ 会社外部の第三者に監査人が文書をもって照会し，文書による回答を回収して，主として特定資

産・負債の実在性を立証する監査技術。売掛金や貸付金といった債権や買掛金や借入金などの債務や預金及び外部に保管されている有価証券などに対して適用される。確認は，問い合わせた事項について差異がある場合にのみ回答を求める消極的確認と差異の有無に関係なくすべてについて回答を求める積極的確認がある。

過去勤務債務 unrecognized prior service cost ♦ 退職金規程が改訂されると将来の退職金（退職給付）が増減するが，これにより変動した退職給付債務の増減部分を過去勤務債務という。例えば，退職金規程が改訂され将来の退職金が増加すると，将来における退職給付見込額が増加し，その結果，退職給付債務が増加する。ただ，退職給付債務は当期までに発生している部分であるため，将来発生する部分は除かれる。つまり，過去から現時点までの期間に提供した役務にかかる退職給付債務の増加部分が過去勤務債務である。他方，規程の改訂により給付水準が低下して退職給付債務が減少した場合には，会社の負担額は減少することになるが，この場合でも同様に過去勤務債務と呼ぶ。退職金規程の改訂は，従業員の将来の勤労意欲が向上することを期待して行われる面があるため，この過去勤務債務は，将来の収益に対応するものとして考えて，平均残存勤務期間以内の一定の年数で償却することを認めている。償却方法は定額法か一時の費用とすることが合理的と考えられている。また，償却する場合は，数理計算上の差異と異なり，改訂が行われた期より償却を行うことになる。なお，適格退職年金制度等の年金財政計算における「過去勤務債務等」は，数理債務（責任準備金）から年金資産を控除した，いわゆる年金財政計算上の積立不足をいい，これと過去勤務債務は性格が異なる。

貸方 credit ♦ 仕訳における右側を貸方（かしかた）といい，左側を借方（かりかた）という。資産・費用に属する勘定について借方科目，負債・資本・収益に属する勘定を貸方科目ということがある。

貸倒懸念債権 doubtful receivable ♦ 金融商品会計における債権区分の1つで，経営破綻の状態には至っていないが，債務の弁済に重大な問題が生じているかまたは生じる可能性の高い債務者に対する債権をいう。貸倒懸念債権に区分された場合，貸倒見積高は財務内容評価法またはキャッシュ・フロー見積法により算定される。

貸倒実績率 loan loss ratio ♦ 金融商品会計基準では，貸倒引当金の算定に当たっては，一般債権について，債権全体または同種・同類の債権ごとに，債権の状況に応じて求めた過去の貸倒実績率等合理的な基準により貸倒見積高を算定することとしている（「貸倒実績率法」という）。貸倒実績率は，ある期における債権残高を分母とし，翌期以降における貸倒損失額を分子として算定するが，貸倒損失の過去のデータから貸倒実績率を算定する期間（以下「算定期間」という）は，一般には，債権の平均回収期間が妥当である。ただし，当該期間が1年を下回る場合には，1年とする。なお，当期末に保有する債権について適用する貸倒実績率を算定するに当たっては，当期を最終年度とする算定期間を含むそれ以前の2〜3算定期間に係る貸倒実績率の平均値による。

貸倒損失 bad debts expense, bad debts loss ♦ 受取手形，売掛金等の債権が回収不能となる（貸し倒れる）際に被る損失を貸倒損失という。貸倒リスクに対しあらかじめ貸倒引当金を設定するため，貸倒損失に対しまず貸倒引当金が補塡され，補塡できない部分につき貸倒損失を計上する。

貸倒引当金 allowance for doubtful accounts ♦ 債権が回収不能となった場合の損失に備えて設定する引当金。貸借対照表上，受取手形，売掛金その他の対応する債権の貸借対照表価額から，貸倒見積高を控除して表示する。控除形式として，各資産科目に対する控除科目として一括して記載する方法と，各資産の金額から直接控除して当該引当金の金額を注記する方法とがある。税務上，繰入限度額を規定している。

貸倒引当金繰入額 provision for doubtful accounts ♦ 受取

手形，売掛金等の期末債権につき回収不能部分を見積もり貸倒引当金を設定するが，この貸倒引当金の繰入額を処理する損益科目をいう。

貸倒見積高 estimated future credit losses ♦ →回収不能見込額

貸付金 loans receivable, loan ♦ 取引先，関係会社，株主，役員，従業員等の第三者に貸し付けた金銭債権。貸借対照表上，資産として計上する。回収期限が1年以内のものは短期貸付金として流動資産に計上する。1年超のものは長期貸付金として固定資産の投資その他の資産に計上する。

過少資本税制 thin capitalization taxation ♦ 外国の親会社からの借入金がその親会社の出資持分の一定割合を超える会社では，その超えた部分の支払利息は損金算入が認められない。支払配当は損金算入できないのに支払利息は損金算入できることを利用した不当な税金逃れを防止するための制度。ただし，外国の親会社だけでなくその他の第三者から借り入れている場合の借入金の総額が，自己資本の額（純資産額）の一定割合以内の場合には，この特例は適用されない。

課税事業者 payer of consumption tax ♦ 消費税を申告，納付することになる事業者のこと。課税期間の基準期間（個人の場合は前々年，法人の場合は前々事業年度）の課税売上高が1,000万円を超える事業者で免税事業者でないものが課税事業者となる。

課税所得 taxable income ♦ 税金を算出する前段階の税率を乗じるべき所得のこと。課税対象となる所得であり，法人税法では会計上の利益に申告調整によって加算及び減算を行って算出する。税法と会計がまったく同じ基準であれば，課税所得と会計上の税引前利益が一致するが，会計上の収益及び費用と税法上の益金及び損金の範囲などが異なるためにこのような差異が生じる。そのため，会計上は，税引前利益と税金の額が対応していない。この差異を解消して会計上の利益と税金（税金費用）の対応を図るのが税効果会計である。

課税取引 taxable transaction (for consumption tax) ♦ 消費税が課されることになる取引のこと。消費税の対象となる取引は，事業者が国内において事業として対価を得て行う資産の譲渡，貸付及び役務の提供と輸入取引である。課税の対象となる売上を課税売上，仕入を課税仕入という。

活動基準原価計算 activity based costing ♦ 正確な製品原価の計算や意思決定に有用な原価情報を提供するための管理会計の手法，ABCともいう。具体的には，製造の活動単位（アクティビティ）ごとに製造間接費を集計し，活動をより表している基準（コスト・ドライバー）に基づいて個々の製品原価に配賦させる計算方法である。

割賦基準 installment basis, installment method ♦ 商品販売代金を分割払いで受け取る販売方法を割賦販売というが，分割払いは代金回収期間が長く代金を滞納するリスクが高い。このため，通常，商品の所有権を留保する。割賦基準とは，割賦代金の回収状況により収益の実現を認識するもので，回収期限到来基準と現金回収基準がある。

合併 merger ♦ 2つ以上の会社が1つの会社にまとまること。合併には新設合併と吸収合併の2つがある。新設合併は，合併に参加する会社の全部が解散し，新たに設立した会社に権利義務が包括的に承継される。一方，吸収合併は，合併に参加する会社のうち1つが存続し，他の解散した会社の権利義務を包括的に承継する。会社が合併をなすには，解散する会社も存続する会社も株主総会の特別決議が必要であるが，一定の要件のもと，小さな会社を吸収する場合など存続会社においては原則として取締役会決議のみで行える簡易合併の制度と支配従属関係にある会社の場合に被支配会社における株主総会を原則不要とする略式組織再編の制度がある。

合併差損益 surplus (or loss) from merger ♦ 合併差益とは，合併によって消滅した会社より引き継いだ純資産の額が，合併による増加資本金額，合併交付金額等の合計額より大きい場合におけるその超過額のことをいう。逆に，小さい

場合には当該超過額は合併差損といわれ，被合併会社ののれんを評価したものである。合併差益は，原則として資本準備金として処理しなければならない。ただし，合併差益を構成する要因の中には解散会社の留保利益などが含まれており，この分は解散会社が本来，処分できるはずであったものが，合併によって資本準備金として厳しい規制のもとにおかれるのは理に反するとの考え方が成り立つ。このため，解散会社の利益準備金や任意積立金などの利益剰余金などに見合う金額は資本準備金として扱わず，存続会社の利益準備金，利益剰余金としてそれぞれ処理する方法も認められている。

合併比率 merger ratio ♦ 合併が行われる場合，解散する会社の株主に対し存続会社ないし新設会社の株式が交付されるが，この場合の交付比率のことをいう。合併比率1：2という場合，解散する会社の株主に対し，その保有株式2株について新設会社ないし合併存続会社の株式1株が交付される。対等合併とは合併比率が1：1の場合である。

過年度損益修正 prior year adjustment ♦ 前期損益修正のこと。→特別損益

株価収益率 price earnings ratio ♦ 株価を1株当たり利益で割った比率。PERとして知られている。株価収益率が高い場合には，利益と比較して相対的に株価が高いことを意味する。

株価純資産倍率 Price Book-value Ratio ♦ 株価を1株当たり純資産で割った比率。PBRとして知られている。株価が1株当たり純資産の何倍まで買われているかを表す指標。理論上では，PBRが1倍を下回っている場合には，その株を全株購入し，企業を清算することで，清算利益が得られると考えられる。

株式移転 creation of holding company through share exchange ♦ 新規に持株会社を設立する場合などにおいて，新設会社を完全親会社とするために，完全子会社とする会社の株式を，新設会社の新株と強制的に交換する制度をいう。

株主の立場からみると，自己の有する子会社の株式を新設の完全親会社へ引き渡し，それと引き換えに当該親会社株式を取得することとなる。株式移転においては，株式交換と同様に，原則として株主総会の特別決議が必要とされている。企業再編の一手法である。

株式会社 （stock)corporation ♦ 社員（出資者）の地位が，株式という細分化された，かつ，出資額を限度とした有限の責任しか負わない会社法上の会社の形態の1つ。そのうち，資本金5億円以上または負債総額200億円以上のものを大会社という。また，発行する株式のすべてが譲渡制限株式であるものを株式譲渡制限会社といい，それ以外を公開会社という。会社法においては株式会社と持分会社があり，持分会社には合同会社，合名会社，合資会社がある。株式会社の特徴は，間接有限責任（社員は出資額にしか責任を負わず，また出資した時点でその責任は果たされる）にあり，これによって多くの出資者を募ることが可能になる。また，所有と経営の分離が図られており，多くの社員が経営に参加することなく，取締役を選任することによって迅速な会社経営を行うことになる。これらの特徴から，旧商法では取引先などを保護するための資本充実原則，取締役等の経営の適正確保のための監査役の設置など様々な規制が設けられていたが，会社法では，資本充実原則としての最低資本金制度の廃止など，株式会社についても様々な改正が行われている。また，株式会社には上場している大企業から実質的には個人のオーナー会社まで様々であるため，会社法においては中小企業などその実態に応じた規定を設け，定款による自治などを図っている。

株式買取請求権 ♦ 株主の利益に重大な影響を及ぼす決議が会社でなされた場合，この決議に反対する株主が，会社に対して自己の有する株式を買い取るように請求できる権利。具体的には事業の譲渡，合併，株式交換や株式譲渡制限に関する定款変更などの場合に認められている。

株式公開 going public ♦ それまで少数の株主だけで，株式の売買も一部の関係者のみに制限されていた会社が，一般の大衆が自由に売買できるように証券取引所に株式を上場して流通させるようにすること。一般にIPOと呼ばれている。株式や債券を発行することによる資金調達と，知名度や信用を高めるために，会社の成長段階において株式公開されることが多い。資金調達力と財務体質が強化され知名度や信用度とともに従業員の士気向上が図れる。また公開市場からの要請により社内体制が整備強化される。株主にとっては創業者利潤と流通性を確保できるなどのメリットがある。他方で，開示や監査により事務量と経費が増大する，企業買収にさらされるなどのデメリットもある。

株式交換 share exchange ♦ 完全親子会社関係を創設するため，完全親会社になる会社が，完全子会社になる会社の株主から株式を取得し，その対価として自社の株式を交付すること。完全子会社となる会社の株主から見ると，その保有する株式が，完全子会社となる会社の株式から完全親会社となる会社の株主に交換され，一方株式交換を行う会社から見ると，自社株の発行ないし交付と引き換えに，完全子会社とする会社の株式を取得する制度である。なお，会社が株式交換を行うには，原則として親会社・子会社ともに株主総会の特別決議が必要である。

株式交付費 ♦ →新株発行費

株式譲渡制限会社 ♦ →株式会社

株式払込剰余金 additional paid-in capital ♦ 会社法上，株式の発行価額の全額を資本金とするのが原則であるが，発行価額の2分の1を超えない額は資本金に組み入れなくてもよいこととされている。この場合，資本金に組み入れなかった部分を株式払込剰余金といい，資本準備金として表示される。

株式分割 stock split ♦ 発行済株式の1株を2株に，あるいは1株を1.2株というように分け，発行済株式数を増加さ

せること。取締役会設置会社は取締役会決議により株式分割を行うことができる。これにより、1株当たりの純資産価値が下落するため、高くなりすぎた株価を下げ、取引量を増加させるなどの効果がある。また、株主から見ると保有する株式数が増加するが、1株が2株になっても株価は2分の1を上回ることがあり、この場合は株主利益となる。

株式併合 reverse stock split ♦ 発行済株式の2株を1株に、あるいは3株を1株にというようにまとめ、発行済株式数を減少させること。株式数が減少するため1株当たりの純資産価値が増加する。合併や株式交換を行う場合や資本減少を行う場合に利用される。株主総会の特別決議を要する。

株主資本 stockholders' equity ♦ 企業活動の元手を意味するが、会計上の概念は、その範囲により1つではない。広義では貸借対照表上で資産と負債の差額として捉えられる。自己資本、株主資本、純資産ともいわれる。借入金など他人から調達した元手を返済した後の金額を示す。また、狭義では、資産と負債の差額のうち、株主等の出資者からの拠出分、すなわち出資者から得た元手であり、資本金や資本準備金などを示すこともある。

株主資本等変動計算書 statement of changes in net assets ♦ 資本の部の計数の増減を示す書類で、計算書類の1つ。①近年の会計基準の新設等により、その他有価証券評価差額金など資本の部に直接計上される項目が増えてきていること、②法改正により、自己株式の取得、処分及び消却など資本の部の変動要因が増加していることなどを受け、従来の開示書類のみでは、資本金等の数値の連続性を把握することが困難となっていることから、株主の持分の変動内容を明らかにする書類としての役割を担うものとして位置づけられ、会社法において、利益処分案に代わって新たに作成が義務付けられた。

株主代表訴訟 shareholders' representative suit ♦ 株主が、会社に代わって、会社のために、取締役などの役員に対し、

その責任追及のための訴訟を提起することができる制度。公開会社の場合，すべての株主に認められるわけではなく，6カ月前から継続して株主である者に限られる。平成5年の商法改正により，訴訟費用が固定化されたことに伴い利用が急増している。

貨幣性資産 monetary asset ♦ 現金，預金及び売掛金などの金銭債権など，貨幣そのものないし法令または契約によりその金額（券面額または金銭回収額）が確定している資産。これに対して，棚卸資産などの将来費用となる資産を費用性資産という。

貨幣・非貨幣法 monetary-nonmonetary method ♦ 外貨表示の財務諸表項目を換算する際，貨幣項目には決算時の為替相場を適用し，非貨幣項目には取引発生時の為替相場を適用して換算を行う方法。この方法では，決算日現在の時価が付された非貨幣項目に関しても取引発生時の為替相場を適用するといった矛盾が生じる場合がある。

空売り short selling ♦ 株や債券等を借り入れて売ること。返却期限までに返却を要するため，それまでに同種の証券を買い戻す。空売りした時点よりも買い戻した時点の株価が低い場合利益となり，高い場合損失となる。少ない元手で取引できるが，損失が大きく膨らむ可能性があり，高いリスクを伴っている。

借入金 borrowing, debt ♦ →短期借入金，長期借入金

借入金等明細表 schedule of borrowings ♦ →附属明細表

仮受金 suspense receipt, temporary receipt ♦ 現金を受領したが，取引金額や処理すべき勘定科目が確定していない場合に，当該取引を一時的に処理するため用いる貸方勘定。後に金額や勘定が確定した時点で利益科目等に振替処理する。

借方 debit ♦ →貸方

仮勘定 suspense account ♦ 取引はすでに発生しているものの，処理する勘定科目や金額が確定しない場合，一時的に用いる暫定的な勘定。仮払金，仮受金，未決算勘定等が該当す

る。決算では内容や金額を確定し適切な勘定に振り替える。

仮払金 suspense payment, temporary payment ◆ 現金を支払ったが，取引金額や処理すべき勘定科目が確定していない場合に，当該取引を一時的に処理するため用いる借方勘定。後に金額や勘定が確定した時点で費用科目等に振替処理する。例えば，概算払いした出張旅費を仮払金で処理するケースがある。

為替換算調整勘定 foreign currency translation adjustments ◆ 連結対象の海外子会社等の財務諸表項目を円単位に換算する際，資産及び負債は決算時の為替相場により換算し，資本金などは親会社による株式取得時など発生時の為替相場により換算した結果生じる貸借差額のこと。純資産の部に計上する。

為替差損益 exchange gain and loss ◆ 外国為替相場の変動を原因として発生する損益。取引時点と取引から生じる債権債務を円に転換する時点との為替レートの差に起因する「決済差損益」と，取引時点と決算時点との為替レートの差に起因する「換算差損益」とがある。

為替手形 bill of exchange ◆ 手形には「約束手形」と「為替手形」とがあるが，「為替手形」の場合は手形の振出人が一次的には手形金額の支払義務を負わない。例えば，甲がAに対して債権を持ち，Bに対して債務を負っている場合，A→甲→Bと支払をする代わりに，甲がAとの合意により，直接AからBへの支払を行う場合に利用される。つまり，手形を発行する人（振出人：甲）が支払人（名宛人：A）に対し，指図人（B）に支払をするよう委託する手形である。

為替予約 exchange contract ◆ 外貨の受取・支払に伴う為替相場変動リスクを回避するため，銀行を相手に将来の一定の時期に特定の条件で外貨を売買する契約を締結すること。一定の時期が来れば，契約した条件で決済する。為替予約は決算時に時価で評価するが，振当処理によることもできる。

簡易課税制度 simplified computation of consumption tax ◆

課税事業者のうち基準期間の課税売上高が5,000万円以下の者が届出をすれば、原則課税によらずに仕入控除税額の計算をみなし仕入率を用いるなど簡便な方法で行える特例制度をいう。この特例を受けるためには、簡易課税制度の適用を受ける旨の届出書（「消費税簡易課税制度選択届出書」）を、適用を受けようとする課税期間の開始の日の前日までに納税地を所轄する税務署に事前に提出する必要がある。なお、この届出書を提出した事業者は2年間は原則課税による仕入税額控除に変更できない。この特例では課税売上高に事業区分によるみなし仕入率（例えば、卸売業90％、小売業80％）を乗じて仕入税額控除額を算出するため、仮にその期の課税仕入が多く、原則課税によれば消費税の還付を受けることになる場合でも、簡易課税制度を選択しているときは還付を受けられない。

簡易組織再編 ◆ 合併、会社分割、株式交換等の組織再編を行う場合、原則として株主総会の特別決議が必要であるが、規模が小さいなどの一定の要件を満たす場合には、取締役会決議でこれらを行うことが可能である。これらをまとめて簡易組織再編という。会社法で、適用要件が緩和された。

環境会計 environment accounting ◆ 企業が、主に環境保全を目的として、自らの環境保全活動及び環境に対する影響を計算し会計的に処理すること。環境会計を導入することは、外部的には企業の環境対策を定量的に公表することによって、企業のイメージアップにつながったり、エコファンドや環境格付けといった新しい企業評価の基準として役立つ。また、内部的には、効率的、積極的な環境管理、環境経営を実現するための手段となる。

環境監査 environmental audit ◆ 企業や地方自治体等が自らの環境保全活動に関連する情報を提供するために開示する環境報告書等を対象として実施される監査。環境監査は、環境報告書等の信頼性について、作成基準または判断基準に照らして意見を表明することとなる。

関係会社 affiliated company ♦ 財務諸表等規則によると，財務諸表提出会社の親会社，子会社及び関連会社を関係会社といい，また，財務諸表提出会社が他の会社等の関連会社である場合には当該他の会社も関係会社という。

関係会社株式 investment in stocks of affiliated company ♦ 当事者となる会社にとっての子会社や関連会社のみならず，親会社や，当事者となる会社が関連会社となっている場合の他の会社も関係会社といい，関係会社が発行する株式を所有している場合のその株式の呼称及び科目名のこと。

監査 audit ♦ 監査対象から独立した第三者が依頼を受けて監査対象の行動や成果について検査，評価し，その結果を報告すること。①監査対象によって会計監査，業務監査，②監査主体の相違により会計士監査，監査役監査，内部監査人監査，③法規に基づくか否か，また，根拠となる法規に応じて証券取引法監査，会社法監査，任意監査，④監査方式の相違により精査，試査などにそれぞれ区分される。

監査意見 audit opinion ♦ 監査人が，監査の結果を表明する意見。財務諸表監査では，無限定適正意見，限定付適正意見，不適正意見に区分され，さらに意見を表明するに足る合理的な基礎が得られない場合には，意見表明が差し控えられる。監査人が財務諸表が企業の財政状態等を適正に表示していると判断した場合には無限定適正意見が表明される。一方，財務諸表に虚偽の表示はあるが，その影響が財務諸表全体としての虚偽の表示に当たるほどには重要でないと判断した場合には限定付適正意見が表明され，当該虚偽表示の影響が，財務諸表全体から見て重要であると判断した場合には不適正意見が表明される。会社法監査では計算書類について，同様の意見が表明される。

監査基準 auditing standards ♦ 職業的監査人が，監査を実施する場合に常に遵守しなければならない基準。これは，監査実務において慣習として発達したものの中から，一般に公正妥当と認められたところを帰納，要約したものとされてい

る。監査基準は，監査の目的，一般基準，実施基準，報告基準からなり，金融庁の諮問機関である企業会計審議会により設定されている。

監査調書 audit working paper ♦ 被監査会社と監査契約を結び監査業務を開始してから監査報告書を作成する過程において，監査人が入手した資料や作成した記録，書類などを総称したもの。監査の実施とその管理を行うため，及び次期以降の監査の合理的な実施を図るための資料として作成される。監査人は監査調書に基づいて監査報告書を作成するため，その根拠として重要な資料であるが，さらに後日，監査人が監査を実施したかどうかが問題となった場合に実施したことを立証する役割も果たす。このため，監査調書は必要な事項を網羅し，秩序整然と整理しておき，誰が読んでもわかるように明瞭に記載しておくことが必要とされる。監査調書の所有権は監査人にあり，監査人は監査調書を保存しておくとともに，正当な理由なく他人に見せてはならない。

監査報告書 audit report ♦ 監査の実施者が，監査の結果を報告するための報告書であり，監査人の責任の範囲を明らかにするものとしても位置づけられる。監査報告書の記載形式としては，短文式報告書と長文式報告書があり，制度上の監査報告書は短文式のものが多い。

監査法人 audit firm ♦ 公認会計士法の定めにより，財務書類の監査または証明を組織的に行うことを目的として設立される法人。成立後，その旨を内閣総理大臣に届け出なければならないとされる。会社法上の合名会社に準じた取扱いを受ける。なお，設立に際しては，5人以上の公認会計士が共同して社員となる必要がある。

監査役 statutory auditor, corporate auditor ♦ 取締役の職務執行の監査を行う株式会社の機関。株主総会において選任され，監査役監査の独立性を確保するため，その報酬は取締役とは別に，定款または株主総会決議で決定される。監査役会設置会社においては，監査役は3名以上で過半数は社外監査

役でなければならない。監査役監査には，業務監査と会計監査が含まれ，取締役等に対して，営業の報告及び財産の状況等についての調査権を有する。なお，親会社の監査役は，必要がある場合には子会社についても事業の報告及び財産の状況の調査権を有する。なお，委員会設置会社では，監査委員会が置かれ，監査役を設置することはできない。

監査役会 board of statutory auditors, board of corporate auditors ◆ 会社法において，監査を組織的に実施することを目的として監査役全員により組織することが要求されているもの。原則として，委員会設置会社と一部の会社を除き定款で定めれば設置することができる。監査役会は，監査役の有するすべての権限を持ち，その決議は，多数決をもって行われるが，個々の監査役の権限を妨げることはできない。

監査リスク audit risk ◆ 監査人が財務諸表の重要な虚偽の表示を見逃し，誤った監査意見を表明してしまうリスク。監査人は，財務諸表の重要な虚偽表示を見逃さないように監査を実施するために，監査リスクを合理的な低い水準に抑えなければならないとされる。

換算基準 basis of foreign currency translation ◆ 異なる通貨を等価交換する際の比率を換算レートといい，換算する項目に対する換算レートの考え方を換算基準という。換算基準には，換算する項目の違いによる貨幣・非貨幣法やテンポラル法，外貨建取引に係る金銭債権債務の決済取引に関する考え方の違いによる一取引基準，二取引基準等がある。

換算差損益 translation gain and loss ◆ →為替差損益
完成工事原価 cost of completed work ◆ →完成工事高
完成工事原価報告書 cost of completed work report ◆ 建設業の財務諸表の１つで，工事原価の計算結果を総括的に明細表示した報告書。国土交通省令で様式が規定され，材料費，労務費（うち書きした労務外注費），外注費，経費（うち書きした人件費）につき記載する。
完成工事高 construction of completion ◆ 建設業特有の勘定

で一般の事業会社の売上高に相当する。建設業では，売上原価は完成工事原価，仕掛品は未成工事支出金，売掛金は完成工事未収入金として計上する。

完成工事未収入金 completed work receivable ♦ →完成工事高

完成品換算量 equivalent unit ♦ 原価計算の上で，仕掛品を作業の進捗度に応じて評価し，これを完成品に引き直した量を算出するもの。例えば，月末仕掛品が10個で進捗率が60％とすると，完成品換算量は6個となる。

間接金融 indirect financing ♦ 資金供給者（貸手）と資金需要者（借手）との間に銀行など金融機関が介在して資金を調達する方式。金融機関は家計から預金等により資金を集め，これを企業に貸し付け，または企業の発行する株式や社債を引き受けることで資金を供給する場合が該当する。近年，間接金融の比率は低下してきている。

間接控除形式 indirect credit method ♦ ある資産の帳簿価額からマイナス額を表す評価勘定を表示する場合，当該資産勘定を評価勘定をマイナスする前の金額で表示し，そこから評価勘定を控除して表示する方法。評価勘定には建物などの減価償却資産に対する減価償却累計額や，債権（売掛金等）に対する貸倒引当金，固定資産に対する減損損失累計額等がある。

間接税 indirect tax ♦ →租税

完全子会社 wholly owned subsidiary ♦ 子会社のうち，株式のすべてを保有している子会社を完全子会社または100％子会社という。

カンパニー制 internal company system ♦ ある事業部をあたかも独立した会社のように分け，権限を大幅に移譲するとともに独立採算制をとって利益責任を持たせるべく社内の分社化を図ったもの。メリットとしては，素早い環境対応が可能になる，経営の責任が明確になる，経営者の育成に役立つなどがある。デメリットとしては，資源の無駄遣いや全社的

行動との不整合が起こることが挙げられる。

カンバン方式 just in the time inventory system ♦ 在庫リスクなどを最小限に抑えるために必要なときに必要なものを必要なだけ用意するやり方のこと。トヨタ自動車が生産工程において採用していた方法で，必要なものと量を「かんばん」と呼ばれる板に書いて前工程に発注していたために，このように呼ばれている。作りすぎの無駄，運搬の無駄，作業の無駄，在庫の無駄などを省くことを目的とするジャストインタイムの代名詞となっている。

管理会計 managerial accounting ♦ 企業会計の１つの分野で，企業の経営者が経営計画を作成したり，経営管理を行う上で役立つことを目的とした会計の領域。財務会計が，外部報告目的の会計であるのに対して，管理会計は内部管理目的の会計であるといわれる。管理会計の領域には，予算統制や原価管理のほか，利益計画，経営分析などがある。

管理可能差異 controllable variance ♦ 管理者が直接，管理できる原価差異。一方，管理者が管理できない原価差異を管理不能差異という。特に，原価計算においては，製造間接費差異のうち，変動予算によった場合の能率差異と予算差異相当を管理可能差異として表す。これは，これらの差異が，工場での生産効率を原因とする差異であることによる。一方，販売量や事業計画の影響を受ける操業度差異相当は管理不可能差異として表される。

管理可能費 controllable cost ♦ 管理者が直接，管理できる原価。一方，管理者が管理できない原価を管理不能費という。通常，変動費は管理可能費，固定費は管理不能費である場合が多いとされるが，必ずしも一致するわけではなく，管理可能か否かは管理者の階層，権限などにより異なるものである。

関連会社 affiliated company ♦ 親会社及び子会社が，出資，人事，資金，技術，取引等の関係を通じて，財務及び営業の方針決定に対して重要な影響を与えることができる子会

社以外の他の会社のこと。これらは影響力基準により判定され，具体的には，①議決権の20％以上を実質的に所有している場合，②議決権の所有割合が15％以上20％未満でかつ，(a)親会社からの役員の派遣(b)重要な融資(c)重要な技術提供(d)営業上または事業上の取引などの財務及び営業の方針決定に対して重要な影響を与えることができる場合，③議決権の所有割合が15％未満であっても，緊密な関係にある者の議決権と合わせて20％を超えている場合でかつ，上記の(a)〜(c)のいずれかの事実がある場合には，関連会社に該当する。

関連会社株式 investments in affiliates ♦ 会社が出資，人事，資金，技術，取引などの関係を通じて，子会社以外の会社等の財務及び営業または事業の方針の決定に重要な影響を与えることができるのであれば，その会社等を関連会社といい，その会社が発行する株式を所有している場合の，その株式を関連会社株式という。→関連会社，子会社株式

関連当事者 related party ♦ 有価証券報告書等で開示される「関連当事者との取引」の対象となる者。関連当事者の範囲は以下の通り。①親会社，②子会社，③同一の親会社を持つ会社等，その他の関係会社，④その他の関係会社の親会社及び子会社，⑤関連会社及び当該関連会社の子会社，⑥主要株主及びその近親者（二親等内の親族），⑦役員及びその近親者，⑧⑤・⑥に掲げる者が議決権の過半数を自己の計算で所有している会社とその子会社。会社法の計算書類においても注記表の中で注記する。

き

機会原価 opportunity cost ♦ 選択可能な複数の方法があり，その１つを選択したときに，断念した方法を選択した場合に得られたであろう最大の利益を機会原価という。

期間原価 period cost ♦ 一定期間における発生額を当期の収

益に直接対応させて把握した原価。通常は販売費及び一般管理費を指す。

期間損益計算 periodic accounting of profit and loss ♦ 1会計期間における収益と，これに対応する費用を計算し，収益から費用を差し引いて利益を算定すること。短期間しか存続しない企業の場合には，存続期間全体の損益計算を行うことができるが，現代企業は永続することを前提としているため，存続期間全体の損益計算をすることができない。そこで，一定の期間で区切った損益計算を行い，利害関係者に対して業績を報告したり，剰余金の配当額を決定することとなる。

企業会計 business accounting ♦ 企業の経営活動を対象とし，その活動を認識・測定・記録した上で報告するプロセス。具体的には，複式簿記を用いて会計記録を作成し，処理あるいは集計するとともに，これを分析・評価する。企業会計は目的別に財務会計と管理会計に分類される。

企業会計基準委員会 Accounting Standards Board of Japan ♦ →ASBJ

企業会計原則 Accounting Standards for Business Enterprises ♦ 企業会計の実務に慣習として発達したものから，一般に公正・妥当と認められる基準を要約したもので，会計処理に際し従うべき基準。一般原則，損益計算書原則，貸借対照表原則の3つからなり，別に注解がある。①一般原則は企業会計の基本的原則を示し，真実性，正規の簿記，資本取引と損益取引との区分，明瞭性，継続性，保守主義，単一性の7原則を規定している。②損益計算書原則は発生主義，費用・収益対応等の原則を定めている。③貸借対照表原則は資産，負債・資本を適正に処理し表示するよう定めている。

企業結合 business conbination ♦ ある企業と他の企業とが1つの報告単位に統合され，また，ある企業と他の企業を構成する事業が1つの報告単位に統合されること。具体的には株式取得による子会社化，合併，事業譲受などがある。企業

結合は，会計上，その経済的実態からある企業による新たな支配の獲得と判断される「取得」のケースと，対等合併のように支配関係を伴わない「持分の結合」の両ケースを含む包括的な概念である。

企業内容開示制度 disclosure system ◆ 企業内容を開示するための制度や仕組み。会社法では，債権者や株主を保護するための企業内容開示制度が採用され，計算書類等を本店に備え置く，貸借対照表等を公告する，といった規定をおく。証券取引法では，投資家保護を目的に，発行市場の企業内容開示制度と流通市場の企業内容開示制度を定めている。発行市場の例として有価証券届出書，目論見書等があり，流通市場の例として有価証券報告書，半期報告書，臨時報告書等がある。企業内容開示制度の必要性が一層高まってきており，各証券取引所では，企業内容を適時，適切に開示させるためのルールを定めている。なお，企業内容開示制度の充実を図ることを目的とした金融商品取引法の施行が見込まれている。

企業年金制度 corporate pension plan ◆ 企業が公的年金とは別に従業員の退職後の生活を目的に用意する年金制度のこと。厚生年金基金，適格退職年金，確定給付企業年金（規約型，基金型），確定拠出年金等がある。→年金

擬制資産 quasi-asset ◆ 現代の企業会計上の資産には，財産価値や換金価値はないものの，期間損益計算の観点から資産として計上されるものも含まれている。本来，資産は，法律上の財産価値や換金価値があるものに限定されるべきとの立場からは，期間損益計算の観点からのみ資産として認識されるものは資産ではなく，擬制資産であるといわれる。企業会計の上では，繰延資産がこれに該当する。

基礎率 actuarial assumption ◆ 退職給付債務及び勤務費用，退職給付費用を算定する際に必要となる数理計算上の予測数値のことで計算基礎率という。昇給率，退職確率，死亡確率，割引率，年金資産の期待運用収益率などがある。

期待運用収益率 expected return on plan assets ♦ 期首の年金資産額について，合理的に期待される収益額の年金資産に対する比率をいう。退職給付会計における退職給付費用の構成要素であり，期待運用収益率の水準は退職給付費用に大きな影響を及ぼすため，適正に見積もる必要がある。期待運用収益率は，保有している年金資産のポートフォリオ，過去の運用実績，将来の運用方針及び市場の動向等を考慮して算定するが，金利の状況や株価の状況に影響されるためにその見積もりを適切に行うことは難しい場合がある。このため，期首に設定した期待運用収益率を期末時や中間末時に修正することも許容される場合がある。

期待ギャップ expectation gap ♦ 監査人が実際に遂行している役割と社会の人々が監査人に期待する役割との間のギャップ。期待ギャップが放置されると，監査の社会的意義が低下する恐れがあるため，本来的には解消される必要がある。期待ギャップを解消するためには，監査を社会的に広く啓蒙し理解を求めるほか，監査対象を拡大するなど社会のニーズに合わせた監査の実施が必要であるが，安易な監査対象の拡大は，監査人の過大な責任につながる恐れがあるため，慎重な対応が必要となっている。

期中平均レート average rate for the period ♦ 期中平均相場。決算期間中の為替相場を平均したもの。収益及び費用の換算に用いる期中平均相場には，収益及び費用が帰属する月または半期等を算定期間とした平均相場を用いることができる。

機能的減価 functional depreciation ♦ →減価

希薄化効果 dilutive effect ♦ 潜在株式に係る権利を行使したと仮定し算定した潜在株式調整後1株当たり当期純利益が，1株当たり当期純利益より低くなる場合，潜在株式は希薄化効果を有する。1株当たり当期純損失の場合は，潜在株式に係る権利を行使したと仮定して算定した額が，1株当たり当期純損失を上回る場合でも，開示は要しない。

寄付金 donations expense ♦ 名称を問わず会社などが行った金銭その他の資産の贈与や経済的利益の供与のこと。寄付金という名称でなくても物をあげたり債務を免除したり，安い価格で売ったりした場合も法人税法では寄付金になる。会社が寄付などをしてこれを損金にするとその分税金が少なくなるが，これは税金を免除して寄付をさせているのと同じ結果になるので，課税の公平の観点から限度額を設けてこれを超えるものについては損金不算入としている。寄付金の損金算入時期は支払ったときなので，仮払処理している場合でも申告調整する。なお，寄付金は損金経理が要件となっている。

期末自己都合要支給額 payment needed if all employees voluntarily retired as of the balance sheet date ♦ 決算日においてすべての従業員が退職したものと仮定した場合に会社が支給することとなる退職金の額。通常，会社の退職金規程では，会社都合の場合と自己都合の場合で支給額が異なることが多いが，自己都合退職の場合の支給額を算定したものを期末自己都合要支給額という。現行の退職給付会計では，原則として複雑な数理計算によって退職給付引当金を算出するが，従業員の数が少ない場合や従業員の変動が激しい場合は，数理計算を行ったとしてもその結果が適切なものにならないケースがあるため，簡便的に期末自己都合要支給額をもって退職給付債務として退職給付引当金を算定する方法が認められている。

キャッシュバランスプラン cash balance plan ♦ 混合型（ハイブリッド型）年金の１つで，確定拠出型年金の特徴を取り入れた確定給付型年金。確定給付企業年金法の施行に伴いわが国でも確定給付企業年金制度または厚生年金制度において導入が認められた。キャッシュバランスプランは国債の利回り等に基づいて給付が変動するが，制度の中に金利の概念を含んでいるため金利変動リスクをコントロールできる。そのため，確定給付型でありながら事業主のリスクを低減さ

せることが可能となる。個人別の仮想勘定を設けている点が確定拠出型年金と類似するが，あくまで確定給付型年金であるため，退職給付債務を認識する。

キャッシュ・フロー cash flow ♦ 資金の増加または減少を意味する。従来から損益計算書が作成されていたが，黒字倒産への警戒など，損益計算書からは，読み取れない情報もあり，キャッシュ・フロー情報の有用性が増している。キャッシュ・フローを表す情報としては，キャッシュ・フロー計算書があるが，簡便的に，損益計算に基づき計算された当期利益に減価償却費を加えることで計算される場合もある。

キャッシュ・フロー計算書 cash flow statement ♦ 一定期間におけるキャッシュ・フローの状況を営業活動，投資活動，財務活動などの区別に表示したものであり，企業内容開示制度上の財務諸表の1つとして位置づけられている。キャッシュ・フロー計算書の作成方法は，営業活動によるキャッシュ・フローの算出方法の違いにより，間接法と直接法に分けられる。直接法は，営業収入や商品の仕入による支出といった主要な取引ごとに，資金の収支を捕捉し，総額表示する方法をいい，間接法は損益計算書の利益に，非資金損益項目，資産・負債の増減などを加減算して表示する方法をいう。

キャッシュ・フロー見積法 ♦ 金融商品会計において貸倒懸念債権の貸倒計上額を見積もる方法の1つ。債権の評価にディスカウント・キャッシュ・フロー法の概念を取り入れた方法で，債権の元本と利息のキャッシュ・フローを合理的に見積もることができる債権について，将来キャッシュ・フローを当期末までの期間にわたり割り引いた現在価値の総額と債権の帳簿価額の差額をもって貸倒見積高として貸倒計上する。割引に使用する利子率は，債権発生当初の約定利子率か当初の実効利子率を使用する。また，将来キャッシュ・フローの見積もりは毎期見直すことになるが，キャッシュ・フローに変動がない場合は，期が進むにつれて貸倒引当金とし

て計上される金額が少なくなる。これは、割引率が一定であるので時間の経過により割引価値が現在価値に近づくからである。そのため、貸倒引当金を取り崩すことになるが、その取崩額は時間の経過を理由として「受取利息」として処理するが、「貸倒引当金戻入額」として処理することも可能である。

キャピタルゲイン capital gain ◆ 有価証券や土地が購入時の価格より上昇した場合、売却により得る利益を指す。価格が下落した場合、売却により被る損失をキャピタルロスという。また、配当金や債券の利払いにより得る利益をインカムゲインという。

休止固定資産 ◆ 現在は休止しているが、将来使用することが確実で、かつ、十分に稼働できる機能状態の設備のこと。従来の取扱いでは、休止固定資産の将来の使用が未確定であるか稼働状態にない場合には廃棄処理を行い、経済的価値が低下したり陳腐化している場合は臨時償却その他の措置をとり、損失額を特別損失に計上することになっていたが、固定資産の減損会計の導入後は、減損会計を適用して減損損失の認識や測定を行うことになる。ただし、休止固定資産についても減価償却を行い原則として営業外費用として処理すること、及び、固定資産に含めて表示した休止固定資産の金額が重要である場合にはその旨及びその金額を注記することについては、従来通りの取扱いが必要。

級数法 sum-of-the-years'-digits-method ◆ 固定資産の減価償却方法の1つで、算術級数を用いる。定率法の簡便的なもので、初期の段階で多くの償却費が計上され、その後は逓減するものの定率法ほど逓減率は大きくない。計算の考え方は、例えば耐用年数10年であれば、10年目の償却費を1とすると、初年度は10、次年度は9というように償却費が定額で減少するもの。m年度の減価償却費の計算式は次の通り。

減価償却費＝(取得減価－残存価額)×(n－m+1)
　　　　　÷n (n+1)÷2　(n：耐用年数)

休眠会社 dormant enteprise ♦ 実際には事業活動していないが会社として登記したままの会社のこと。会社法では最後の登記から一定期間経過した後に法務大臣の公告により届出しないときは解散したものとみなされてしまう。税務上では休業の異動届出を税務署に提出することになるがそれ以後も申告はすることになっている。なお，休眠会社が子会社である場合は，事業活動がされていなくても支配関係があれば連結の範囲に含まれる。

強制評価減 mandatory devaluation ♦ 資産の時価が帳簿価額より著しく下落した場合，回復する見込みがある場合を除き，帳簿価額を時価まで切り下げる。棚卸資産の強制評価減は企業会計原則に規定がある。有価証券の強制評価減は，①売買目的有価証券以外の市場価格のある有価証券の時価が著しく下落し（50％以上，30％〜50％の場合も検討），回復する見込みがない場合には，時価評価し，評価差額を当期の損失とする。②市場価格のない株式につき，会社の財政状態が悪化し実質価額が著しく低下した場合，相当の減額をし，評価差額は当期の損失とする。

業績連動型報酬 ♦ 会社や部門，個人の業績を反映させるような賃金体系によって得られる報酬のこと。カンパニー制や独立採算の事業部別組織に有効で，役員や部門，個人のモチベーションを高める目的で採用されることが多い。業績と連動することにより，業績と報酬の関係が明らかになり，モチベーションと参加意識が高まり，優秀な人材を活性化することができる。他方で，会社外部の原因で業績が低下した場合や相対的な業績低迷によって評価が低くなるとモチベーションがいっきに低下する恐れがある。

共用資産 corporate assets ♦ 固定資産の減損会計における資産のグルーピングにおいて，その資産が独立してキャッシュ・フローを生み出すのではなく，他の複数の資産または資産グループが将来のキャッシュ・フローを生み出す手助けとなったり，一緒に生み出すような資産のこと。ただし，

「のれん」は含まない。減損会計基準において、具体例として本社建物や試験研究施設などの全社的な資産、複数の部門にわたる福利厚生施設、開発や動力、修繕、運搬等を行う設備が挙げられている。共用資産の減損は、共用資産を含むより大きな単位でグルーピングして減損損失の認定及び測定を行うのが原則だが、共用資産の帳簿価額を合理的な基準によって各資産または資産グループに配分して行う方法もある。

虚偽記載 misstatement ♦ →訂正報告書

切放法 ♦ 低価法の1つで、簿価と時価とを比較し低い価格をとる方法。切放低価法ともいう。低価法に基づき時価を帳簿価額に採用した場合、評価切り下げ後の簿価を次期の取得原価とみなす。一度評価を切り下げたら元に戻さない。

銀行勘定調整表 bank reconciliation ♦ 会社の帳簿上の預金残高と、銀行から示される預金残高とが一致しない場合に、その差額の原因を分析する表。不一致原因としては、未取立小切手の存在、銀行締め後の入金などがある。

金庫株 treasury stock ♦ 会社が保有している自己株式。平成13年の商法改正によって、それまで原則として禁止されていた自己株式の取得、保有が大幅に緩和され、自己株式を、期間の制限なく保有できるようになった。金庫株により、自社の株価を高めるなどの効果が期待される。

金銭債権債務 ♦ 売掛金、受取手形、貸付金など契約により決められた一定の金額を、金銭で回収することを予定している債権を金銭債権といい、買掛金、借入金など、金銭で支払う義務のある債務を金銭債務という。

金銭信託 money trust ♦ →信託

均等割 per capita levy ♦ 一般的には均等に分割することだが、租税法では所得にかかわらず課税される税金のことを指す。例えば、法人住民税では従業員数と資本金の額によって課税される。

勤務費用 service cost ♦ 退職給付費用のうち、当期の労働

の対価として発生したと認められるもの。退職給付債務は期末までに発生している給付額であるが，勤務費用は1年分の給付額である。退職給付債務と同様の数理計算によって算定するが，勤務費用は期首から期末までの1年分のみを算出したもの。

金融検査マニュアル ♦ 「預金等受入金融機関に係る検査マニュアル」といい，2000年に金融監督庁（現金融庁）が金融検査のためのマニュアルとして公表したもの。金融機関は自己責任のもとで経営を行うべきだが，一般公衆から預金を集めており，金融機関の破綻が連鎖的に金融システム全体に影響を及ぼす場合がある。こうした公共性の高い金融機関の経営の健全度を監督官庁が点検する目的で金融検査を行う。

金融資産 financial assets ♦ 一般的には，換金性の高い，営業用資産以外の資産をいう。金融商品会計では，現金預金，受取手形，売掛金及び貸付金等の金銭債権，株式その他の出資証券及び公社債等の有価証券ならびに先物取引，先渡取引，オプション取引，スワップ取引及びこれらに類似する取引により生じる正味の債権等をいう。

金融商品 financial instrument ♦ 金融資産，金融負債及びデリバティブ取引に係る契約の総称をいう。具体的には現金，預金，受取手形，売掛金，貸付金，有価証券，支払手形，買掛金，借入金，社債などのほかにデリバティブ取引により生じる正味の債権及び債務などを含む。

金融商品会計 accouting for financial instrument ♦ 国際会計基準や米国の会計基準等の国際的な動向を踏まえて，わが国の金融商品に関する会計処理の基準の整備をすべく平成11年1月に企業会計審議会から公表された「金融商品に係る会計基準」やその後の「金融商品会計に関する実務指針」，「金融商品会計に関するQ＆A」を総称したもの。対象となる金融資産や金融負債の範囲やその発生と消滅時期，評価について明らかにし，デリバティブやヘッジ会計についての考え方や会計処理が定められた。

金融商品会計基準 Accounting Standards for Financial Instruments ◆ →金融商品会計

金融商品取引法 ◆ 証券取引法を全面改正し，従来，同法がカバーしていた金融商品の規制範囲を大幅に広げることで，投資性商品全般を網羅する法律を整備したもので，投資サービス法とも呼ばれる。これにより，ファンド等の集団投資スキームに代表される金融商品の多様化・複雑化に対応し，投資家保護のための横断的な法制整備が図られる。具体的には，（企業の内部統制の有効性について経営者及び公認会計士が評価を行う）内部統制報告制度や（四半期開示情報について公認会計士が意見表明を行う）四半期レビュー制度の導入や，公開買付制度及び大量保有報告制度など開示書類に関する制度の見直しが盛り込まれることとなる。また金融商品取引法には，証券取引法のみならず，金融先物取引法や商品ファンド法など金融商品ごとに整備されている法律も吸収されるほか，任意組合や匿名組合などの明確な投資家保護のルールがなかった商品も対象となる。ただし，銀行法や保険業法の規定によっていて金融商品取引法による規制の対象外となる金融商品もあり，これらを含めた金融商品全般を対象とするより包括的な規制の枠組み（金融サービス・市場法）の法制については，今後の検討課題となる。平成18年7月から段階的に施行されている。→証券取引法

金融手形 accommodation note ◆ 資金を借りる際に，借用書の代わりに借手が振り出す手形。金融機関の貸出には証書貸付，手形貸付，当座貸越などがあり，うち手形貸付を受けるときに，借手は金融機関に約束手形を振り出す。主に短期資金調達の際に用いられる。なお，対銀行だけではなく事業会社同士で資金繰りの都合をつけるために発行される融通手形も，金融手形の1つである。

金融派生商品 derivative ◆ →デリバティブ取引

金融負債 financial liability ◆ 支払手形，買掛金，借入金及び社債等の金銭債務やデリバティブ取引によって生じる正味の

債務などのこと。

金融持株会社 ◆ →持株会社

金利スワップ interest rate swap ◆ →スワップ取引

金利スワップの特例処理 ◆ 金利スワップ取引等のうち一定の要件に該当するものについては時価評価せずに金銭の受払いをヘッジ対象となる資産や負債の利息に加減して処理することを認めたもの。金利スワップはヘッジ対象から生ずる変動利息を固定化するヘッジ取引で借入金の金利変動リスクをヘッジする目的で用いられる場合が多い。実務慣行として借入金利息と金利スワップ取引に基づくキャッシュ・フローを相殺または純額で記帳していたため，金融商品会計基準を設けるに当たって実務界の要請により特例処理を認めた。特例処理の要件は厳しく，金利スワップの想定元本とヘッジ対象の金額，期間や満期，インデックス，金利改定日及びその間隔，受払条件などがほとんど同一でなければ認められない。しかし，これが認められればその後の有効性判定の評価は不要となる。

く

偶発債務 contingent liabilities ◆ 現実に発生していない債務で，将来，財政状態等に影響を及ぼす可能性のあるもの。債務保証，係争事件に係る賠償義務，販売済み商品に係る保証，先物売買契約等がある。貸借対照表への注記を要するが，債務として発生する可能性が高く，かつ金額が合理的に見積もれれば，引当金として負債計上する。

偶発事象 contingency ◆ 利益または損失の発生する可能性が不確実な状況が貸借対照表日現在すでに存在しており，その不確実な状況が将来事象の発生することまたは発生しないことによって最終的に解消されるものをいう。このような偶発事象は偶発利益と偶発損失とに分類できる。偶発損失のうち発生の可能性が高く，かつ，金額の合理的な見積もりが可

能な場合，引当金を計上することとなる。例として債務保証損失引当金がある。ただし，金額が合理的に見積もれない場合，または発生の可能性が高くないがある程度予想されるものについては会計処理を行わず，注記として開示することとなる。

偶発損失引当金 contingent reserve ♦ 債務保証や係争事件に係る賠償義務などの偶発債務につき，発生の可能性が高く，かつ，金額を合理的に見積もれる場合に計上する引当金。債務保証損失引当金がその一例。発生の可能性が高くない，または金額が合理的に算定できない場合は負債計上せず，注記により開示する。→偶発債務

組込デリバティブ embedded derivative ♦ →複合金融商品

組別総合原価計算 group process costing ♦ 種類の異なった製品を組別に連続して生産する場合に適用する原価計算。組別総合原価計算は，1期間の製造費用を組直接費と組間接費または原料費と加工費に分け，組直接費等は各組の製品に賦課し，組間接費等は適当な配賦基準により各組に配賦する。

繰上方式 ♦ →連結剰余金計算書

繰越欠損金 loss carry forward ♦ 欠損金の繰越控除によって繰り越されたもの。法人税法では，税金を算定する基礎となる1年間の所得金額がマイナスとなった場合には，これを将来の課税所得から控除するために翌年度以降に繰り延べることを認めている。この繰り延べられた金額を繰越欠損金といい，従来は5年間の繰延が認められていたが，平成16年度税制改正により平成13年4月1日以降に開始した事業年度から7年間の繰延が認められることになった。これに伴い，帳簿の保存期間が5年から7年に延長されている。なお，この制度が認められているのは，災害等により棚卸資産や固定資産に損失がある場合や青色申告書によって申告している場合である。

繰延勘定 deferred account ♦ すでに入金されたが当期の収

益に属さないもの,すでに支出したが当期の費用でないものは,当期の損益計算から除外する。ここで,当該収入及び支出を次期以降の損益計算に含めるため資産または負債として一時的に処理する勘定を繰延勘定という。前受収益と前払費用があり,前受収益は収益から控除され負債に,前払費用は費用から控除され資産として計上する。

繰延資産 deferred charges ♦ 対価の支払が完了し,または支払義務が確定し,対応する役務の提供を受けたが,その効果が将来にわたり発現すると期待される費用につき,効果が及ぶ期間に合理的に費用配分するため,経過的に資産として計上するもの。擬制資産といわれ,財産価値や換金価値がないため,旧商法では創立費,開業費,開発費,新株発行費,社債発行費,社債発行差金の計上を限定的に認めていた。配当制限の対象になる。法人税法上は,支出の効果が1年以上に及ぶことから支出時に全額損金算入できないもので,会計上の無形固定資産または長期前払費用として計上するものを指す。

繰延税金資産 deferred tax asset ♦ いわば,前払税金のようなもの。一時差異のうち将来減算一時差異となるものの税金相当額が,貸借対照表上において繰延税金資産として計上される。繰延税金資産となるものは一時差異と一時差異に準じるものとがある(以下,これらを合わせて「一時差異等」という)。一時差異は会計と税務における資産及び負債の差異の要因となるもので,将来減算一時差異と将来加算一時差異があるが,このうち将来加算一時差異は繰延税金負債に計上される。また,一時差異に準じるものには,税務上の繰越欠損金と繰越外国税額控除がある。これらは,将来の税額を減少させる効果(税効果)が認められることから,一時差異に準じて取り扱われており,繰延税金資産を構成する。繰延税金資産として計上するには,認識した一時差異に税効果が認められる必要がある。つまり,将来の税金を減少する効果が認められないものについては,繰延税金資産として計上す

ることはできない。例えば、棚卸資産に係る将来減算一時差異がある場合に、当該棚卸資産を売却する予定である翌期に課税所得が発生しないと見込まれるときには、その一時差異には将来の税金を減少させる効果が低いため繰延税金資産の計上は困難となる。また、このような場合でも、税務上の繰越欠損金を通じて将来の一定期間を通じて税金を減少させる効果が生じる場合がある。その場合には、上記の棚卸資産にかかる一時差異の税金相当額と繰越欠損金については繰延税金資産に計上することになる。このように、将来の数期間を通じて生じる税金の減少効果を回収可能性と呼び、決算においては、繰延税金資産の回収可能性の有無を検討して、計上するべき金額を確定する必要がある。

繰延税金資産の回収可能性 realizability of deferred tax assets ◆ 税効果会計を適用するに当たって、認識された一時差異を繰延税金資産として計上するためには、将来の減算効果が得られるかどうかの検証を行う必要があるが、この効果の確実性のことを繰延税金資産の回収可能性という。つまり、繰延税金資産は将来の税金を減少させる効果（税効果）がある場合に資産として計上が認められるものであり、回収可能性が認められない部分については資産として計上することはできない。繰延税金資産の回収可能性の判断には、①収益力に基づく課税所得が十分あるか、②タックスプランニングがあるか、③将来加算一時差異が十分あるかを検討することが必要になる。また、課税所得の十分性やタックスプランニングの有無については、たとえ問題がない場合でも、次のように、会社の状態を5つに分類し繰延税金資産として計上される範囲が異なるので注意が必要である。①会社の業績が良く常に多くの課税所得を計上している会社であれば、すべての繰延税金資産を計上することが可能である。②業績は安定しているがそんなに多くの課税所得はない会社は、解消の時期がスケジューリングできない一時差異を除き繰延税金資産として計上できる。③業績は不安定であるがそこそこの課

税所得を計上している会社は，将来の合理的な見積期間（おおむね5年）内の課税所得を限度としてスケジュールできる一時差異について繰延税金資産を計上できる。④多額の税務上の欠損金を計上している会社は，翌期の課税所得が見込める範囲内で翌期に解消する一時差異のみを繰延税金資産に計上できる。⑤連続して多額の税務上の欠損金を計上している会社などは，繰延税金資産は計上できない。回収可能性を検証する際の具体的手順は，①将来減算一時差異のスケジューリング，②将来加算一時差異のスケジューリングと減算一時差異との相殺，③将来（おおむね5年）における各年度の課税所得と減算一時差異との相殺，④当期末の税務上の繰越欠損金がある場合は課税所得の発生見込額までの相殺。繰延税金資産の回収可能性は毎期末に検討し，その結果，回収できないと判断されるものについては取り崩すことになる。

繰延税金負債 deferred tax liability ♦ 一時差異のうち将来加算一時差異となるものの税金相当額が，貸借対照表上において繰延税金負債として計上される。法人税等の未払額ともいわれる。

繰延税金負債の支払可能性 ♦ 繰延税金資産と異なり，繰延税金負債は将来加算一時差異から生じたもので企業が存続する限りいつかは課税所得が生じて税金が課される。そのため，繰延税金資産の回収可能性の検討において将来減算一時差異と相殺されるものを除き，すべて認識されるはずである。しかし，企業の継続性に疑義がある場合に課税所得が生じないことが明らかなときは，支払可能性がないものとして繰延税金負債を計上しないものとなっている。

繰延ヘッジ deferral hedge ♦ ヘッジ会計において，時価評価されているヘッジ手段の損益や評価差額を，ヘッジ対象である資産または負債の損益が認識されるまで貸借対照表の純資産の部において繰り延べる方法。ヘッジ対象の損益が認識されれば，原則としてその損益区分に対応するようにヘッジ手段の損益も認識する。これに対して，ヘッジ対象である資

産または負債に係る相場変動等を損益に反映させ，その損益とヘッジ手段に係る損益を同一の会計期間に認識する方法を時価ヘッジという。従来は，繰延ヘッジによって生じた差額は，損失であれば資産の部に，利益であれば負債の部に計上していたが，会社法の施行に伴って税効果調整後の残高を純資産の部の「評価・換算差額等」の区分に計上することになった。

繰延法 deferral method ♦ →資産負債法

クレジット・デリバティブ credit derivative ♦ 当事者が元本として定めた金額（想定元本）につき，当該当事者間で取り決めた者の信用状態等を反映する利子率もしくは価格に基づき金銭の支払を相互に約する契約，当該当事者間で取り決めた者の信用状態等に係る事象の発生に基づき金銭の支払もしくは金融資産の移転を相互に約する契約，またはこれらに類似する契約をいう。クレジット・デリバティブのうち市場価格に基づく価額または合理的に算定された価額がある場合は当該価額をもって評価し，ない場合は債務保証に準じた処理を行う。

黒字倒産 bankruptcy with black balance ♦ 損益計算書では黒字であるにもかかわらず資金ショートを起こして倒産することをいう。古くは「勘定合って銭足らず」ともいうが，売上が計上されても売掛金が回収されないと資金が入らないし，大規模な設備投資をした場合は費用は少ないが莫大なキャッシュ・アウトが発生しているなど，損益計算とキャッシュの動きにはズレがあるため，黒字倒産が発生する。現在では，有価証券報告書や決算短信ではキャッシュ・フロー計算書が開示されており，ある程度の資金に関する情報は公開されている。

クロス取引 cross trading ♦ 金融資産を売却した直後に同一の金融資産を購入する場合，金融資産を購入した直後に同一の金融資産を売却する場合で，譲渡人が譲受人から譲渡資産を再購入または回収する同時の契約があるときの当該取引を

いう。クロス取引は，取引所取引，相対取引にかかわらず，金融資産の契約上の権利に対する支配が他に移転していないと認められ，売買として処理できない。

け

経営者確認書 management representation letter ♦ 一般に公正妥当と認められる監査の基準に準拠した監査の一環として実施される監査手続で，監査人は監査報告書提出前に経営者から入手する。経営者確認書の内容としては，①財務諸表の作成責任は経営者にあること，②一般に公正妥当と認められる企業会計の基準に準拠して財務諸表を作成していること，③内部統制を構築，維持する責任が経営者にあること，④監査の実施に必要なすべての資料が監査人に提供されたこと，⑤経営者の意思や判断に依存している事項などについて確認される。

経営成績 result of operations ♦ 経営活動の成果としての利益の大きさと利益の発生源泉を表す。損益計算書が経営成績を開示し，1会計期間に属するすべての収益と対応するすべての費用を記載して経常利益を表示し，これに特別損益項目を加減して当期純利益を表示する。

経過勘定 deferred and accrued accounts ♦ 見越勘定，繰延勘定の総称。発生主義に基づく適正な期間損益計算を行うため，収益，費用と収入，支出のタイミングのズレを調整する目的で設けた勘定。

経済的残存使用年数 remaining depreciable economic life ♦ 固定資産の減損会計において減損損失の認識及び測定を行う際に用いる固定資産の使用年数のこと。今後の使用可能年数であり，資産の材質や構造などの物理的要因や経済的状況を含めた陳腐化の程度，その他もろもろの状況を勘案して見積もられるもの。理屈の上では，現時点から将来の一時点まで使用した場合のキャッシュ・フロー総額（使用価値）と

その時点での正味売却額が一致するまでの年数である。固定資産の使用開始時においては耐用年数と一致することが理論的であるため，法人税の法定耐用年数等に基づく残存耐用年数と著しく相違がある場合を除き，法定耐用年数を用いることが可能。

経済的耐用年数 economic life ♦ 資産の利用者による，資産の経済的な使用可能予測期間あるいは予測生産高などをいい，法定耐用年数と区別する場合に「経済的」耐用年数と呼ぶ。耐用年数とは，特に減価償却資産の取得価額から見積残存価額を控除した金額を規則的，合理的に費用として配分すべき期間であるが，これは単に物理的使用可能期間だけではなく，経済的使用可能予測期間を見込むものである。つまり，物理的減価の要因となる材質，構造，用途のほかに，使用環境や技術の革新等機能的減価の要因となる陳腐化の危険の程度も予測して耐用年数を見積もらなければならない。この意味で「経済的」な耐用年数なのである。わが国では，多くの企業が実務上見積もりが困難であるという理由で税務上の法定耐用年数を用いて減価償却計算を行っているが，これは，経済的耐用年数を見積もった場合と法定耐用年数に著しい差異がないことを前提としている。したがって，資産の使用開始及び使用後に，経済的耐用年数と法定耐用年数が乖離していることが明らかな場合には，法定耐用年数を使用することは会計上認められない。なお，法定耐用年数を「一般的耐用年数」，経済的耐用年数を「個別的耐用年数」と呼ぶこともある。

計算書類 financial report ♦ 会社法の規定に基づいて株式会社が作成しなければならないもの。旧商法では，貸借対照表，損益計算書，利益処分案（または損失処理案），営業報告書が計算書類とされたが，会社法では，利益処分案（または損失処理案）はなくなり，代わりに株主資本等変動計算書の作成が義務付けられ，個別注記表が独立した書類として明記された。また，営業報告書は，記載内容が必ずしも計算に

関するもののみではないことから，計算書類からは除かれ事業報告として作成が義務付けられた。計算書類及び事業報告は，定時株主総会に提出され，計算書類は株主総会の承認を受け，事業報告は報告事項とされる。なお，会計監査人設置会社については，会計監査人が計算書類を適正と判断し，監査役がこの結果を相当と認めるなど，一定の要件を満たした場合には，株主総会の承認を要しない。計算書類は，事業報告及び附属明細書とともに，株主，債権者などの閲覧に供される。

経常損益 ordinary profit and loss ♦ →経常損益の部

経常損益の部 ordinary profit and loss ♦ 「企業会計原則」の定める損益計算書の計算区分の1つ。営業損益計算の区分により得られる営業利益に営業外収益を加え，営業外費用を差し引いて経常利益を算出する。経常損益計算の成果としての経常利益は純損益計算に引き継ぐ。

経常利益 ordinary income ♦ 経常損益計算の成果としての利益。継続的に行う営業活動と営業外活動との成果を表す。

継続企業 going concern ♦ →ゴーイングコンサーン

継続企業の前提 premise of a going concern ♦ →ゴーイングコンサーン

継続記録法 perpetual inventory method ♦ 棚卸資産の受入，払出をそのつど帳簿に記録し，帳簿上の保有残高を常に把握する方法。これに対し，受払いの記録をとらず，一定時点で実際に棚卸を行い，棚卸資産の保有残高を把握する方法を実地棚卸法（棚卸計算法）という。継続記録法によると，棚卸資産の増減が常に把握でき，在庫管理上望ましいといわれている。また，正常な受入，払出が行われた場合のあるべき在庫量が帳簿上算定されるため，棚卸により実際の在庫量を把握することで，滅失，紛失，盗難等の異常な原因による棚卸資産の減少等が判明し，管理上有用な情報が入手可能となる。

継続性の原則 principle of consistency ♦ いったん採用した

会計処理の原則，手続は，財務諸表を作成する各会計期間を通じて継続して適用しなければならないとする前提。当該原則が必要とされるのは，1つの会計事実について2つ以上の会計処理の原則，手続が認められており，企業が経理上，自由に選択する余地がある場合である。このような場合に企業が一度選択した処理を継続適用しないと，同じ会計事実について異なった利益が算出されて利益操作につながる危険がある。また，財務諸表の期間比較が難しくなり，したがって利害関係者の判断を誤らせる危険もある。なお，正当な理由があれば変更も認められるが，この場合でもその旨や理由，影響額の記載が求められている。

経費 expense ♦ 材料費，労務費以外の原価要素である。したがって材料費，労務費の捉え方によって経費の内容も変化する。厳密な意味での経費としては，支払電力料，ガス，水道料金，外注加工費，減価償却費などが挙げられるが，このほか材料副費や労務副費に属するものを含めて呼ぶ場合もある。経費は，①形態別にみて減価償却費，棚卸資産減耗費，福利施設負担額，賃借料，修繕費，電力料，旅費交通費などに，②機能別にみて各部門の機能別経費に，③製品との関連で直接経費，間接経費に，それぞれ分類される。また，経費は支払経費，測定経費，月割経費，発生経費として捉えて計算される。

経理の状況 financial statements and supplementary data ♦ 有価証券報告書，有価証券届出書や半期報告書で，「企業情報」として，「事業の情況」「設備の状況」等と並んで記載する事項。連結財務諸表等と財務諸表等から構成され，貸借対照表，損益計算書やキャッシュ・フロー計算書に加え，セグメント情報，関連当事者との取引や各種勘定の明細表等，様々な財務情報を記載する。

決済差損益 settlement gain and loss ♦ →為替差損益

決算 closing books ♦ 企業が1会計期間の終わりに，当該期間の経営成績と，期末の財政状態とを明らかにするために行

う会計帳簿記録の集計・整理手続を決算という。

決算公告 ♦ 会社法により，株式会社は定時株主総会終了後，遅滞なく貸借対照表（大会社の場合には貸借対照表及び損益計算書）またはその要旨を，定款で定めた日刊新聞，官報などに掲載することが義務付けられている。これを決算公告という。電磁的方法として自社のホームページに掲載することで日刊新聞等への掲載を省略することができる。また，有報提出会社についてはEDINETによる開示を行っているため同様に省略できる。

決算整理 closing adjustment ♦ 企業が1会計期間の終わりに，当該期間の経営成績と，期末の財政状態とを明らかにするために行う会計帳簿記録の修正ないし整理手続のこと。具体的には①損益の繰延，見越しの計算，②減価償却費の計上，③各種引当金の計上，④有価証券の時価評価などが挙げられる。

決算短信 announcement of business result ♦ 上場会社が決算発表（中間決算発表）をする際作成する書類。表紙と添付資料からなり，表紙で会社の経営成績，財政状態，キャッシュ・フローの状況や翌年度の業績予想を示す。短信の公表を決算発表という。

決算日レート法 translation at current rates ♦ 外貨表示の財務諸表項目を換算する場合に，外貨建ての財務諸表数値のすべてを，決算日の為替相場で換算する方法をいう。この方法では，子会社株式など取得原価で評価する項目も決算日の為替相場が適用されるなどの矛盾が生じる場合がある。一方，外貨建金銭債権債務や時価評価した外貨建有価証券等の項目につき属性が変更されないという長所もある。

欠損金 deficit ♦ 純資産と資本金・法定準備金を比較したときに，純資産のほうが小さい場合など，資本が欠損している場合を欠損金と呼ぶ。

欠損金の繰越控除 carryover of losses ♦ →繰越欠損金

欠損塡補 compensation for deficit ♦ 欠損金の状態，つまり

利益剰余金がマイナスである場合に，資本金や準備金を取り崩すなどしてこれに充当し，欠損金を解消させること。通常，資本金を取り崩す場合には株主総会の特別決議を要するが，その減少額がすべて欠損填補に充てられる場合は普通決議で実施できる。

原価 cost ♦ 製品等の生産物を生み出すために，消費される財貨や用役を金額的に表したものである。原価計算制度上の原価は，このうち経営目的に関連しかつ正常なものに限定され，財務費用や異常な状態を原因とする原価は，含まれない。原価は，実際原価と標準原価，製品原価と期間原価，全部原価と部分原価などに分類される。

減価 depreciation ♦ 減価とは価値の減少であるが，特に有形固定資産においては減価償却または減損の原因となるものである。減価には，物質的減価と機能的減価がある。物質的減価の原因となるものには，①時の経過によるもの，②使用によるもの，③天災や事故によるものがあり，機能的減価には，①陳腐化及び②不適応化がある。天災や事故による減価は予測できないものであるため偶発減価と呼ばれるが，それ以外は通常減価と呼ばれ減価償却することになる。ただし，減価が著しく収益獲得が困難となっているものについては，減損会計の適用により減損損失を計上することになる。

限界利益 marginal profit ♦ 売上高から変動原価を差し引いた利益。限界利益が生じている場合には，短期的には固定費を回収するための財源を生み出しており，収益獲得に貢献していると判断する。そのため貢献利益ともいう。なお，限界利益を求めるためには，前提として原価を固定費と変動費に分解する必要があり，そのための方法として，費目別精査法，スキャッターチャート法，高低点法，最小二乗法などがある。

原価企画 target costing ♦ 生産計画の前段階である製品の企画・設計段階において，目標原価を設定し，その水準を達成するべく試行錯誤することで総合的に原価引下げを行うため

の管理活動。製品原価の大部分が生産段階ではなく、それ以前の設計等の段階において決定されてしまい、生産段階では原価低減の余地に限界があるとの経験則から、その前段階において、品質を保持しながら最小の原価を作り込んでいこうとする活動。

原価基準 cost basis ♦ →取得原価主義

原価計算 cost accounting ♦ 製品やサービスを生産するために、どの程度の原価がかかるかを計算するなど、一定の目的のために、原価を分類、測定、集計、配分、報告する計算様式。原価計算の目的としては、財務諸表の作成に必要な原価の集計のほかに、価格計算、原価管理、予算統制、経営基本計画設定などに必要な原価情報の提供が挙げられる。また、原価計算の種類としては、実際原価計算と標準原価計算、個別原価計算と総合原価計算、全部原価計算と直接原価計算などがある。

原価計算基準 Cost Accounting Standards ♦ 大蔵省の企業会計審議会が昭和37年11月に中間報告として設定したもので、原価計算の実践規範である。原価計算は財務諸表作成、原価管理、予算管理、価格計算、経営基本計画などの多様な目的に役立つように形成される必要があるとされる。こうした諸目的を調整し、かつ一定の計算秩序のもとに常時、継続的に行われるように原価計算を制度化する上で原価計算基準の果たす役割は大きい。ただし、原価計算基準は個別企業の原価計算手続を機械的に規制するものではなく、基本的な枠組みを示したもので、弾力的に準拠することが望まれている。また、原価計算基準は企業会計原則の一環として監査基準などとともに企業会計の基準を形成し、原価計算の分野を受け持つという意義を持っている。

原価差異 cost variances ♦ 実際原価計算で予定価格や予定配賦率によって算出した原価あるいは標準原価計算における標準原価と実際発生額との差額をいう。特に、標準原価と実際発生額との差異を標準差異と呼ぶ。原価差異は売上原価ま

たは棚卸資産に配賦されることで，製品原価を構成するとともに，分析結果は原価管理にも利用される。実際原価計算における原価差異としては，材料副費配賦差異，材料受入価格差異，材料消費価格差異，賃率差異，製造間接費配賦差異，加工費配賦差異，補助部門費配賦差異，振替差異などがあり，標準原価計算における原価差異としては，材料受入価格差異，直接材料費差異，直接労務費差異，製造間接費差異などがある。

原価主義 cost basis ♦ →取得原価主義

減価償却 depreciation ♦ 建物や機械などの固定資産は，使用や時の経過により価値が減っていくと考えられており，これを減価という。この減価は，収益を獲得するために営業活動を行うことにより生じると考えられるため，その固定資産を使用や時の経過に従って減価していると仮定し，獲得した収益に対応させるように費用化していくことを減価償却といい，これにより計上される費用を減価償却費と呼ぶ。減価償却の方法には，定額法，定率法，生産高比例法などがある。生産高比例法は使用頻度に比例して収益を獲得する資産，例えば，航空機や船舶に整合する。また，定額法及び定率法は使用時間など時の経過に比例して収益を獲得する資産，例えば，建物や工場設備などに整合する。定率法は，定額法に比べて使用当初に多くの償却費が計上されることになるが，これは，資産の減価は一定に生じるのではなく，使用初期段階に多く生じることを仮定している。減価償却を行うには減価償却の方法のほかに耐用年数と残存価額を決定しておく必要がある。残存価額は固定資産のうち費用化される額の総額を決めることになり，耐用年数は償却期間を決定する要素となる。なお，減価償却の効果としては，減価償却費は非現金流出費用であるため，その額に相当する金額が社内に留保され，固定資産の取替資金の確保が可能となるなどがある。

減価償却限度額 depreciable amount ♦ 法人税の課税所得の計算において，損金に算入できる固定資産の減価償却費の上

限額のこと。会計上は，固定資産ごとに耐用年数及び残存価額を見積もり，正規の減価償却によって減価償却費を計上する。法人税法上は，固定資産の種類及び用途ごとに法定耐用年数が決まっていて，残存価額も取得原価の10％であるため，これにより償却率を決定して減価償却限度額を算出する。そして，償却限度額を超えた減価償却費部分（減価償却限度超過額）については損金として認められず，申告調整で加算する。一般に，企業ではこの申告調整を行うと固定資産について償却台帳を二重に作成する必要があるなど事務作業が煩雑になることから，会計においても法人税法における法定耐用年数等を適用していることが多い。

減価償却費 depreciation expense ♦ 減価償却によって計上される費用。一般に，製造部門の減価償却費は製造原価や売上原価へ，営業部門や管理部門の減価償却費は販売費及び一般管理費に区分して計上する。→減価償却

減価償却累計額 accumulated depreciation ♦ 固定資産に対して今まで計上した減価償却費を累計した額のこと。減価償却費は取得原価を基準として計算されるから，貸借対照表における開示方法は固定資産の取得原価から間接控除する形式が原則である。ただし，直接控除も可。

原価中心点 cost center ♦ 原価計算の上で，原価部門を細分化したもので，原価に対して責任を負う管理単位のこと。コストセンターとも呼ばれる。これは，原価を集計する場合にも的確に計算するのに役立つほか，原価管理にも利用され，作業能率の良否を判断してその改善を図るのに用いられる。

原価標準 cost standard ♦ 製品を1単位製造するために要する原価。製造に先立って設定され，原価管理などの目的で用いられる。

原価部門 cost department ♦ 原価要素を分類集計するために設ける計算組織上の区分。製造部門，補助部門（動力部，修繕部などの補助経営部門，材料部，労務部，工場事務部などの工場管理部門）など。原価部門は製品原価の計算を正確

に行うだけでなく，原価管理に役立てるように設けられる。

原価法 cost method, valuation at cost ♦ 取得原価に基づき資産を評価する方法。取得原価主義に整合する。→取得原価主義

研究開発費 research and development cost ♦ 研究開発に要した費用。研究とは，新しい知識の発見を目的とした計画的な調査及び探求をいい，開発とは，新しい製品・サービス・生産方法についての計画もしくは設計または既存の製品等を著しく改良するための計画もしくは設計として，研究の成果その他の知識を具体化することをいう。研究開発費は，すべて発生時に費用として処理し，原価性がある場合には，当期製造費用，それ以外は一般管理費として計上する。なお，当期に発生した研究開発費は，その額を財務諸表に注記しなければならないとされている。

現金 cash ♦ 一般的には，硬貨や紙幣など通貨のことであるが，会計においては，通貨のほか手元の当座小切手，送金小切手，送金為替手形，預金手形，郵便為替証書及び振替貯金払出証書等を含む。

現金過不足 cash shortage and overage ♦ 実際の現金の残高と，帳簿に記録された現金の残高とが相違し，その原因が不明な場合，一時的に帳簿残高を実際の残高に合わせるために用いる勘定。借方，貸方のどちらにも生じうる。

現金主義 cash basis ♦ 現金を受け取ったときに収益を認識し，現金を支払ったときに費用を計上するという考え方。実際の現金の授受に基づき収益費用を計上するため，計算が簡便で確実である。しかし，継続企業を前提とする限り，企業の経営成績を示す利益を計算するには現金主義によることは適切でないとされている。

減債積立金 sinking fund payment ♦ 社債発行会社が，利益の一部を留保し将来の社債償還に備えるもの。任意積立金の一種。

原材料 material ♦ 原料及び材料とは，製品の製造目的で費

消される物品で未だその用に供されないもの（ただし，半製品，部分品または貯蔵品に属するものを除く）をいう。

現先取引 repurchase agreement transaction ◆ 一定期間後に合意された価格で買い戻す，あるいは売り戻すことを条件として行う売買取引。買い戻す条件で売る取引を売現先，売り戻すことを条件で買う取引を買現先という。債券，譲渡性預金，コマーシャルペーパーなどが当該取引の対象となる。条件付きの売買取引であるが，実質的には債券等を担保とした短期金融取引として利用されることが多い。

減資 capital reduction ◆ 会社の資本金を減少させること。資本の欠損を填補するためや，株主に出資を払い戻すために実施されることが多い。減資には，無償で行われる形式上の減資と有償で行われる実質的な減資の2種類があり，資本金のみを減少させる方法，株式併合，株式消却などの方法がある。なお，減資は出資者および債権者に重要な事項であり，原則として株主総会の特別決議，官報への公告および債権者への催告といった債権者保護手続が必要になる。また，資本金は登記事項のため，変更登記が必要となる。

検収基準 inspection basis ◆ 物品を検収した時点で取引を認識する考え方。物品引渡後検収時点で仕入を計上する基準，あるいは，棚卸資産を買い手が検収した時点で売上を計上する基準として適用する。

建設仮勘定 construction in progress ◆ 建設中の建物，工場などに係る支出をまとめて扱う勘定。建物，工場などが完成すると，それぞれ本勘定（建物，機械装置，工具・器具・備品など）に振り替える。建設中の資産なので減価償却は行わない。

建設協力金 ◆ 建物の建築時に賃借人となる人が地主に対して建設費用を出資するもので，消費寄託する建物等の賃貸に係る預託保証金のこと。一般に低い金利が約定され，数年間据え置いた後に分割返済される。建設協力金方式という不動産の有効活用の1つで用いられ，幹線道路沿いにあるスーパー

やレストランなどに多い。地主は土地活用のためにテナントを探し，テナントの仕様に合わせた建物を建築し賃貸する。建設協力金は差入保証金の一種ではあるが，建物を借りる側は賃借の条件となっているため，原則として貸付金として扱われる。そのため，金銭債権として評価することになり当初支払時は時価で計上する。その計上額は将来のキャッシュ・インフローを割引計算したもので，割引率は契約期間が同一の国債利回り等の利子率を使用する。実際支払額と計上額の差額は，長期前払家賃として定額法等により各期の損益に配分する。また，返済額は，割引計算された元本の返済部分と割引率によって計算される受取利息部分とに分けて処理する。なお，賃貸期間が短い預託保証金等で金額的に影響が小さいものはキャッシュ・フローの現在価値で計上しないことができる。

建設利息 construction interest ♦ 旧商法では，会社は利益がなければ配当できないが，その例外として鉄道，電力事業のように，会社設立後，開業するまでの期間が長期にわたる場合には，利益がなくともその期間中に利息を配当することが認められていた。この場合に支払われた利息を，繰延資産として計上したもの。開業後，1年につき資本の総額の100分の6を超える利益を配当するごとに，その超過額と同額以上の金額を償却することとされていた。会社法施行に伴い廃止された。

源泉所得税 withholding income tax ♦ 会社（事業者）が給与や報酬を支払うときに，一定の所得税額を差し引いてそれを納税者に代わって税務署に納める場合のその所得税のこと。会社は給与等の支払時に預り金に計上し，翌月の10日に預り金を取り崩して納税する。

源泉徴収 withholding tax system ♦ 税金を前払いすることで，配当金など金銭を受け取る時点で差し引かれる課税方法のこと。サラリーマンの給料は確定申告しない場合には，年末調整を行うことによって過不足を精算する。

減損会計 accounting for impaired assets ♦ 固定資産の収益性が低下して, 固定資産に投下した資金が回収できない恐れが生じた場合に, 帳簿価額を固定資産の価値まで切り下げる会計手法のこと。減損する場合に使用する固定資産の価値には, 使用価値と予定売却価値（正味実現可能価格）があり, このうちいずれか高いほうを採ることとしている。ここでいう使用価値とは固定資産を使用し続けることによって得られる収益の合計のことである。減損会計を適用する際に, すべての固定資産の価値を把握する必要はなく,「減損の兆候」のあるものに限って価値を把握すればよい。減損会計の適用に当たっては, まず, ①固定資産を使用するグループごとに分け, 採算が取れていないグループは「減損の兆候」があるものとして, そのグループで使用している固定資産の使用価値及び予定売却価値を把握する。次に, ②「減損の兆候」のある資産グループについて, 使用価値と予定売却価値のどちらか高いほうの金額が, 帳簿価額を下回っているかどうかを検討する。下回っている場合には, 減損が発生していると判断する（「減損損失の認識」）。最後に, ③減損額（減損損失）を確定する。使用価値を現在価値に割り引いたものと予定売却価格のどちらか高いほうが減損後の帳簿価額となるため, 減損前の帳簿価額とその差額が減損損失となる（「減損損失の測定」）。なお, 固定資産の減損会計の適用は, 平成17年4月以後開始する事業年度からであるが, すでに平成16年3月31日以降に終了する事業年度末からの早期適用が認められており, すでに多くの企業が減損会計の早期適用を行い, 遊休資産の整理及び財務健全化を図っている。

減損損失 loss on impairment ♦ 固定資産の減損会計を適用して減損が認識された固定資産または固定資産グループは, その使用価値の割引現在価値と予定売却価額のどちらか高い額まで帳簿価額を切り下げる。その場合の切り下げられた部分の額は, 減損損失として損益計算書において開示される。

減損損失累計額 accumulated impairment losses ♦ 減損損

失処理額が累計された額のこと。減損損失累計額の貸借対照表における表示方法は，原則として減損前の取得原価から減損損失累計額を直接控除して，減損後の金額をその後の取得原価とする形式で行うが，当初の取得原価から間接控除する形式で行うこともできる。これは減価償却累計額の表示形式とは反対であるが，減価償却費は当初の取得原価をもとに行うのに対し，減損損失の場合は減損により取得原価が置き換わっていると考えられるために直接控除する形式が原則となっている。

減損の兆候 indication of an asset's impairment ♦ 固定資産の減損会計において，資産または資産グループに減損の可能性が生じていることを示す事象のこと。例えば，次のものが減損の兆候として挙げられる。①損益またはキャッシュ・フローが継続してマイナスまたはその見込みがある。②事業の廃止や再編，資産等の処分，転用の予定がある。③事業に関する経営環境の悪化またはその見込みがある。④資産等の市場価格の著しい下落。減損の兆候がある場合には，資産等の割引前将来キャッシュ・フローの総額と帳簿価額とを比較して減損損失を認識するか否かの検討を行う。

現物出資 investment in kind ♦ 株式会社を設立する場合の出資や設立後の増資などの場合には金銭で出資するのが原則であるが，会社が営業を行う上で特定の財産が必要な場合もあり，金銭以外の財産による出資も認められる。これを現物出資と呼ぶ。ただし，現物出資の対象となる財産を過大評価すると，会社の財政基盤をあやうくするため，会社法では，原則として検査役の検査などの要件を規定している。なお，株式会社では信用・労務の出資は認められない。

現物出資説 ♦ 合併の考え方について，現物出資説と人格合一説との2つがある。現物出資説では，合併を被合併会社の株主が会社の全財産を合併会社に現物出資することと解する。この説によると，合併会社が，被合併会社から受け入れる資産及び負債の取得原価は，対価として交付する現金及び株式

等の時価ないし公正価値と考える。また，被合併会社から受け継いだ純資産が合併会社の増加資本金額，合併交付金などの合計額を超える場合には，原則として，その超過額を資本準備金とすることになる。

減耗償却 depletion ♦ 減耗性資産に対して適用される費用配分法であり，減価償却ではないが手続は生産高比例法と同じ。減耗性資産とは，山林や鉱山，油田など採取するにつれて枯渇していく天然資源のことで，償却性資産のように生産に役立つために使用するものではなく，採取されることでその実体が部分的に製品化されるものである。だから，減価償却ではない。

権利株 ♦ 会社成立前，または設立後募集株式の払込期日ないし払込前における株式引受人の地位。

こ

ゴーイングコンサーン going concern ♦ 継続企業の前提。企業の財政状態及び経営成績の状況を表す財務諸表は，企業が将来にわたって事業活動を継続するとの前提に基づき作成されているが，このような前提条件を，ゴーイングコンサーンまたは継続企業の前提と呼ぶ。ゴーイングコンサーンに疑義がある場合には，財務諸表が疑義のある前提に基づいて作成されることになり，その利用者に誤解を生じさせる恐れがある。そこで，ゴーイングコンサーンに疑義がある場合には，財務諸表にその旨，内容，当該事象に対する経営者の対応，疑義の影響を財務諸表に反映しているか否かについて，注記が義務付けられている。

合意された手続 agreed-upon procedures ♦ 公認会計士等が依頼者との間で合意された手続を実施し，その実施結果を報告すること。合意された手続では，実施した手続の結果，得られた事実に関してのみ報告が行われ，その結果に基づくいかなる結論も表明されない。そのため，監査やレビューが

保証業務として位置づけられるのに対して、合意された手続は、保証業務の対象外と位置づけられる。

工業所有権 industrial property ♦ 特許権、実用新案権、商標権、意匠権など、法律上の独占的権利をいい、無形固定資産として扱う。工業所有権は産業活動に役立つ無形の財産価値があり法律により保護される。工業所有権とブランド等の経済価値を有するものを総称して知的財産権と呼ぶ。→知的財産権

工事完成基準 completed contract method ♦ 請負工事で、工事が完成し、引渡しが完了した時点で工事収益を計上する方法。収益は実現主義により認識することが原則で、工事完成基準はその一例である。

工事進行基準 percentage of completion method ♦ 長期の請負工事につき認める方法。工事進行程度を見積もり、その程度に応じて工事収益の一部を当期の損益計算に計上する方法。実現主義の例外となる。請負工事は引渡先や工事総額等が契約で確定しており、工事が計画通り進行する確実性が高いため工事完成基準との選択適用が認められる。

工事負担金 contribution for construction ♦ →圧縮記帳

更正 correction ♦ 税務署長が申告書を調査して間違いがあった場合にこれを訂正処分すること。増額の更正と減額の更正がある。通常は、申告期限から3年以内に限られている。

公正な会計慣行 ♦ 会社法第431条ならびに第641条において、会社の会計は、「一般に公正妥当と認められる企業会計の慣行に従うものとする」とされ、また会社計算規則第3条において「この省令の用語の解釈及び規定の適用に関しては、一般に公正妥当と認められる企業会計の基準その他の企業会計の慣行をしん酌しなければならない」とされている。ここでいう公正なる会計慣行とは、企業会計原則、その他の会計基準等を指すと解されている。

公正な評価額 fair value ♦ →時価

厚生年金 employees' pension ♦ 民間のサラリーマンが加入

して，老齢，障害，死亡を原因として給付される年金制度。すべての20歳から60歳までの国民は国民年金に加入しなければならないが，厚生年金は国民年金の上乗せ（2階建部分）として，民間のサラリーマン（年金用語で2号被保険者という）が加入している。適用事業所に使用される70歳未満のサラリーマンは臨時に雇われている人を除き全員加入する。公務員は共済年金に加入する。適用事業所は厚生年金を適用しなければならない事業所のことで，法人は必ず適用され，5人未満の従業員の個人事業者は任意適用となる。保険料については，総報酬制の導入により，標準報酬月額及び標準賞与額にそれぞれ保険料率を乗じて算出する。保険料率は一般事業者で1000分の142.88（平成18年4月現在）であるが，段階的に引き上げられ最終的に1000分の183で固定されることになっている。保険料は事業者と個人が折半で負担し，事業者負担分は全額損金となり，個人分についても社会保険料控除となる。原則として25年以上の受給資格期間を経過すれば，65歳から老齢基礎年金と老齢厚生年金が支給される。給付額は度重なる改正の末，基本的には平均標準報酬（月）額に給付乗率（1000分の5.769から10.00の間）と被保険者期間（月数）を乗じた金額となった。

厚生年金基金 employees' pension fund ♦ 企業年金の1つで，厚生年金の給付の一部を国に代わって支給（代行部分）するとともに，一定の企業独自の年金給付を上乗せ（加算部分）することにより老後の手厚い給付を行うことを目的として昭和40年に創設された制度。基金は設立形態によって単独型，連合型，総合型に分かれる。単独型は従業員1000名以上の企業が単独で設立するもの，連合型は主力企業が中心になって，または，主力企業を除いた関係会社等の1000名以上で設立するもの，総合型は同種同業の企業等で5000名以上で設立するもの。給付は，代行部分も含めて基金から支払われるが，加入10年未満の短期加入の中途脱退者は厚生年金基金連合会（平成17年10月より企業年金連合会に名称変更）へ引

き継がれている。平成8年には1800を超えていた基金数は，長期の株価低迷や超低金利による運用難により給付水準の引き下げや代行返上による解散等で平成17年には半減している。代行返上した厚生年金基金は，解散するほか，新しい企業年金である確定給付型企業年金や日本版401Kといわれる確定拠出年金に移行している。

公租公課 taxes and public dues ♦ 税金や公に対し負担する金銭のこと。

構築物 structure ♦ 有形固定資産の1つ。土地に定着した土木設備または工作物をいい，橋，ドック，岸壁，桟橋，軌道，貯水池，坑道，煙突などがある。

公認会計士 certified public accountant ♦ 他人の求めに応じ報酬を得て，財務書類の監査または証明をすることを業とするもの。証券取引法，会社法などにおいて，公認会計士または監査法人の監査証明を受けることが規定されており，企業内容開示制度において，重要な役割を果たしている。

公認会計士・監査審査会 Certified Public Accountants and Auditing Oversight Board ♦ 従来の公認会計士審査会を改組・拡充して2004年に発足した金融庁の機関。公認会計士等に対する懲戒処分や監査法人に対する処分の調査審議及び公認会計士試験の実施に加えて，日本公認会計士協会による品質管理レビューのモニタリング，必要に応じた立入検査を行う。

後発事象 subsequent event, events occuring after the balance sheet date ♦ 貸借対照表日（決算日）後に発生した事象で，次期以降の企業の財政状態，経営成績に影響を及ぼすものをいう。発生した事象の実質的原因が決算日現在に存在しており，同日の状況に関連する会計上の判断や見積もりをする上で追加的またはより客観的な証拠を提供する場合は，財務諸表を修正する（修正後発事象）。発生した事象が次期以降の財務諸表に影響を及ぼす場合は，財務諸表等に注記を行う（開示後発事象）。重要な後発事象には，重要な取

引先の倒産，重要な新株発行，多額の資金借入，重要な子会社等の株式の売却，火災，震災，出水等による重大な損害の発生等がある。

小売棚卸法 retail method ♦ →売価還元法

合理的な基礎 reasonable basis ♦ 財務諸表の適正性に関する監査人の意見表明の根拠を意味する。監査人は，実在性や網羅性といった監査要点ごとに監査証拠を入手し，十分かつ適切な監査証拠に裏付けされた合理的な基礎を持って監査意見を表明することとなる。そのため，重要な監査手続が実施できない場合など，合理的な基礎が得られない場合には，監査意見は表明してはならないとされる。

子会社 subsidiary ♦ 親会社の支配下に置かれている会社。連結財務諸表原則では，支配力基準により，財務，営業，事業などの方針を決定する機関を支配している会社が該当する。具体的には，①議決権の過半数を所有されている場合，②議決権の40％以上50％以下を自己の計算において所有している会社でかつ，(a)出資等の密接な関係があり，親会社の意思と同一の議決権を行使すると認められるものが保有している議決権を合わせて，議決権の過半数を超える場合。(b)親会社の役員等が，当該会社の取締役会等の意思決定機関を支配していることが推測される事実が存在する場合には，子会社に該当する。なお，旧商法では，議決権の過半数を保有されている会社が該当していたが，会社法においては，連結財務諸表原則と同様に支配力基準に基づく判定が求められている。

子会社株式 investment in subsidiary ♦ 財務及び営業または事業の方針を決定する機関を支配している会社の株式を持っている場合の，その株式のこと。会社法及び財務諸表等規則では，その会社の議決権の過半数を自己の計算で有している場合や議決権の40％以上50％以下を有していても一定の要件のもとで支配の事実がある場合には，その所有されている会社を子会社と定義している。子会社株式は関連会社株式と合

わせて「子会社株式及び関連会社株式」という保有目的による区分により取得原価で評価する。持分比率が減少するなどして「子会社株式及び関連会社株式」に該当しないことになった場合には,「その他有価証券」または「売買目的有価証券」に帳簿価額で振り替える。「売買目的有価証券」や「その他有価証券」で保有している株式が持分増加等により「子会社株式及び関連会社株式」に該当することになった場合には,その時点の時価で振り替えることになるが,時価評価差額については「売買目的有価証券」のときは当期の損益として,「その他有価証券」のときは有価証券評価差額へ計上する。

枯渇資産 ♦ →減耗償却

小切手 check ♦ 発行する人(振出人)が支払人(金融機関)に対して,所持人(持参人ともいう)に,現金を支払うことを委託した証券。受取手形の場合と異なり,受取人は,小切手を銀行へ持参することにより,即時に現金化ができる。なお,振出人は金融機関に当座預金口座を開設する必要がある。

国際会計基準 international accounting standards ♦ →IFRS, IAS

国際監査基準 International Standard on Auditing; ISA ♦ 監査の国際的な信頼を確保するため,世界の会計士団体の国際組織である「国際会計士連盟(IFAC)」が設定する国際的な監査基準のこと。わが国の監査基準も国際監査基準と整合するように設定している。

国税 national tax ♦ →租税

小口現金 petty cash ♦ 少額の現金支払を扱うために設ける。小口現金の支給方法として,支払に必要な金額をあらかじめ見積もって前渡ししておき,その中から支払う「定額資金前渡法(インプレスト・システム)」と,担当者の手元資金が少なくなるつど支給する「随時補給法」とがある。

コストビヘイビア cost behavior ♦ 企業において,操業度

の変化に対応し，原価が変動する状況をいう。操業度と原価の基本的な関係からは，操業度と比例的に変化する変動費や準変動費，操業度の変化に関係なく固定的に発生する固定費や準固定費などに分類される。原価の変動状況を把握することで，最有利操業度の決定や経営計画の立案にも有用とされる。

国庫補助金 government grants ♦ 国が科学技術，農業などの振興のために交付する補助金をいう。国庫補助金は法人税法上の圧縮記帳が認められる。国庫補助金を受けて取得した資産は，国庫補助金相当額を控除して取得原価とする会計処理（圧縮記帳）が認められる。→圧縮記帳

固定資産 non-current assets ♦ 工場，建物など長期間使用を目的として保有したり，投資有価証券など投資を目的として長期間所有する資産。有形固定資産，無形固定資産，投資その他の資産に区分される。償却性資産は減価償却を行い取得原価に基づき評価するが，減損会計の導入により，固定資産の収益性が低下し投下資金の回収に疑義が生じた場合，収益性の低下を価値の下落として捉え，帳簿価額を切り下げる。

固定資産税 property tax ♦ 地方税の1つで，毎年1月1日に土地や家屋を所有しているものに対して固定資産税評価額をもとに課される税金。→固定資産税評価額

固定資産税評価額 assessed value of fixed assets ♦ 市町村等が固定資産税や都市計画税等の課税のために1月1日を基準日として3年に一度改訂されている土地及び建物等の評価額。売買事例価格から求める正常売買価格をもとに適正な時価を求め，これに基づき評価額を算定して固定資産台帳などを登録する。公示価格のおおむね70％の評価額である。固定資産の減損会計における減損の兆候を把握するための入手可能な価格指標の1つでもある。

固定性配列法 capital arrangement ♦ 貸借対照表の項目を配列する方法の1つ。資産項目は固定資産から配列し流動資産

に至り，負債・資本項目は資本を取り上げ，次に負債のうち固定負債から流動負債へと及ぶ。負債・資本は，まず負債を配列して資本に至る方式もある（電力会社等が採用）。

固定長期適合率 fixed assets to long term debt ratio ◆ 固定資産を株主資本と固定負債の合計で割った比率。固定資産の調達資金のうち株主資本及び長期借入金など返済期限が長期にわたる負債が占める割合をいう。固定資産に投入された資金は，減価償却など長期間にわたって回収されるため，法的な返済義務のない株主資本及び返済期限が長期の負債により調達されることが望ましいと考えられる。固定比率を補う役割を持つ。この比率は，100％以下が望ましいとされる。

固定費 fixed cost ◆ 操業度の変動にかかわらず変化しない原価。減価償却費，賃借料，電力・ガス・水道の基本料金，固定資産税などがこれに当たる。なお，一定の範囲内の操業度のもとでは固定的であるが，その範囲を超えると急増し，再び固定化するものは準固定費といい，監督者給料等がこれに当たる。

固定比率 fixed assets to equity ratio ◆ 固定資産を株主資本で割った比率。固定資産の調達資金のうち株主資本が占めている度合いを示している。固定資産に投入された資金は，減価償却など長期間にわたって回収されるため，法的な返済義務のない株主資本により調達されることが望ましいと考えられる。この比率は，100％以下が理想とされる。

固定負債 non-current liabilities, long-term liabilities ◆ 貸借対照表日から1年を超えて支払期限の到来する負債。社債，長期借入金のほか退職給付引当金など長期性の引当金も含む。

個別原価計算 job order costing ◆ 発生した原価を，製造指図書単位で集計し，製品の原価を個別的に計算する方法。種類の異なる製品別に原価が集計されるため，受注生産に適している。個別原価計算では，まず，個々の製造指図書に対して，直接関係する原価を集計した上で，間接費については，

配賦計算を通じて集計し,原価を計算する。

個別償却 ♦ →総合償却

個別評価金銭債権 ♦ →一括評価金銭債権

個別法 identified cost method, specific identification method ♦ 棚卸資産を評価する方法の1つで,個々の資産につき,棚卸して評価する。恣意的に払い出す資産を選択し,期間利益を操作することができるため,原則として適用しないが,貴金属等高額商品には適用できる。

コーポレートガバナンス corporate governance ♦ 企業統治と訳されることが多く,会社における経営の効率性と健全性を確保する経営監視システム構築のための工夫の総称を意味する。企業の不祥事や企業環境の変化によって,経営者の監視と健全性を確保しながら効率的な経営が求められているが,そもそもは,「会社は誰のものか」という考えが出発点となっており,会社を取り巻くステークホルダーの視点に立って会社のあるべき姿を確立するために,コーポレートガバナンスの重要性が叫ばれている。取締役会や監査役の強化,株主総会の充実,内部統制の整備運用を通じて投資家に対する説明責任を果たすとともに,株主利益を追求していくことが要請されている。→ステークホルダー

コマーシャルペーパー commercial paper ♦ 短期資金の調達のため発行する無担保の約束手形。無担保なので発行は優良企業に限られ,割引形式で発行する。

コミットメントライン commitment line ♦ 手数料を支払うことで期間や融資枠などあらかじめ設定した条件でいつでも借入できることを金融機関が約束(コミット)する融資契約のこと。

コンフォートレター comfort letter ♦ 株式上場・増資等により企業が新規証券を発行する際に提出する有価証券届出書に記載された事項及び事後の変動につき,事務幹事証券会社からの依頼に基づき,発行会社の監査人が調査し,その結果を事務幹事証券会社に報告するために作成する文書。

コンプライアンス compliance ♦ 一般的には「法令遵守」とか「企業倫理」という意味で使われているが，昨今の企業の不正発覚などにより経営者から従業員にいたるまでの重要な価値観の1つとなっている。監査においても経営環境の中でコンプライアンスに対する取り組みが重要視されている。

さ

在外支店 foreign office ♦ 所在地が海外にある支店のこと。本店と同様に処理するが,外国通貨で表示する在外支店の財務諸表に基づき本支店合併財務諸表を作成する場合は,収益及び費用の換算を取引発生時の為替相場で換算する代わりに期中平均相場または決算時の為替相場で円換算することができる。また,貸借対照表項目のうち棚卸資産及び有形固定資産等の非貨幣性資産の額に重要性がない場合は,取得時の為替相場で換算する代わりにすべての貸借対照表項目について決算時の為替相場で円換算することができる。

財規 regulations of financial statements ♦ 財務諸表等規則のこと。→財務諸表等規則

債権 ♦ 法律上は,他人の行為を要求する権利,つまり債務者に特定の行為,給付を行わせる権利である。主要な財産権であり,給付の種類によって金銭債権,労務債権などに分類される。一方,会計上の債権は営業上の債権と,営業活動以外から生じた債権とに分けられる。営業上の債権は,営業活動から生じたもので,受取手形,売掛金などの金銭債権や,前渡金などの債権がある。営業活動以外の債権としては貸付金などがある。

債権放棄 waiver of loan ♦ 経営が悪化した得意先などに対して,債権の一部または全部を免除すること。取引先が倒産すると今までの債権のみならず将来の取引から生じると見込まれる収益まで確保できなくなってしまったり,連鎖倒産により他の重要な債権回収に支障がでることが予想される場合には,損失を最小限にするために債権放棄を行うことがある。→債務免除

最高経営責任者 chief executive officer ♦ →CEO
最高財務責任者 chief financial officer ♦ →CFO
最高執行責任者 chief operating officer ♦ →COO

財産引受 ♦ 会社の設立に当たり，発起人が設立中の株式会社のために，会社設立を条件に，他から特定の財産を譲り受ける契約を財産引受という。これを乱用すると，会社の財政的基盤が揺らぐことが懸念されるので，会社法では，原則として検査役の検査などの要件を規定している。

最終仕入原価法 last purchase price method, most recent purchase method ♦ 期末棚卸資産の金額の算定に当たり，当期の最後に取得したものの単価により計算する方法。時価に近い価額で評価することになり，取得原価主義のもとで合理性を欠く場合がある。法人税法では，法人が棚卸資産の評価方法を選定，届け出をしない場合に最終仕入原価法によるものとみなすとしている。

財政状態 financial position ♦ 貸借対照表が表している会社の資金調達ならびに資金運用の状況のこと。会社がどのような源泉で経営活動の元手を調達し，それをどのような資産として運用しているかを示す。ただし，これは会計用語であり，経済学の用語で財政とは国家，地方公共団体などの経済活動を指す。

再調達原価 repurchase cost ♦ 主に棚卸資産の時価の概念として用いられるものであり，同種の資産を，再度取得しようとした場合の金額により測定される。

最低資本金制度 ♦ 旧商法・有限会社法上，株式会社と有限会社においては資本金の最低額が定められており（株式会社においては1,000万円，有限会社においては300万円），これを最低資本金制度といった。しかし，会社法において，当該制度は撤廃され，資本金1円の株式会社も設立可能となった。

債務 debt, liability, payables ♦ 買掛金，借入金など，企業会計上の負債の多くは，法律の上では債務に相当する。債務は，確定債務，条件付債務，偶発債務などに分けることができる。なお，修繕引当金などは会計上負債とされるが，法律上の債務ではないものもある。

財務会計 financial accounting ♦ 企業会計の1つの分野で，企業の経営者が株主や債権者などに会計情報を提供することを目的として行われる会計の領域。管理会計が，内部目的会計といわれるのに対して，財務会計は外部目的会計といわれる。財務会計の成果として，貸借対照表や損益計算書といった財務諸表が作成され，報告されることとなる。

財務会計基準機構 Financial Accounting Standards Foundation ♦ →ASBJ

債務確定主義 ♦ 法人税法などの費用の計上で採られている考え方で，見積もりなどの恣意性を排除して課税の公平を図るために債務が確定したものだけが費用として認められるというもの。

財務活動によるキャッシュ・フロー cash flows from financing activities ♦ キャッシュ・フロー計算書の表示区分の1つ。営業活動及び投資活動を維持するために，どの程度の資金が調達または返済されたかを示す区分。株式の発行による収入，借入金の借入による収入や返済による支出，自己株式の取得による支出などが記載される。

財務構成要素アプローチ financial component approach ♦ 金融資産等の譲渡において，その資産に対する支配の消滅をいつ認識するかについての考え方で，他に「リスク経済価値アプローチ」がある。例えば，手形割引の場合，通常満期日までは，遡及義務を負いリスクを負担することになるが，リスクが完全に消滅する満期日まで会計上手形割引の処理が行われないとすると，複雑な金融市場の取引に沿った会計処理が行われず，その経済的実態が反映されないことになる。そこで，その金融商品を財務構成要素に分解して，その財務構成要素の一部に対する支配が他の第三者に移転した場合には，移転した部分の消滅を認識して，残った部分については存続を認識する考え方を「財務構成要素アプローチ」といい，特に金融商品における売却など支配の移転の処理の根拠となっている。財務構成要素には，将来のキャッシュの流

入，回収コストまたは信用リスク及びその他の要素として期限前償還リスクなどがある。

債務者区分 classification of debtors ♦ 貸倒引当金を計上する場合に債権を分類するための基礎となる債務者の分け方。金融商品会計では，債権を一般債権，貸倒懸念債権，破産更生債権等に分類することになるが，その分類は債務者の経済状態等に基づいて行われる。銀行の自己査定で使用される「金融検査マニュアル」では，債務者区分を正常先，要注意先，破綻懸念先，実質破綻先，破綻先に区分し，これに基づいて「Ⅰ分類（非分類）」から「Ⅳ分類」の4つの債権に分類している。一般事業会社は銀行ほど債権の管理が厳密ではなく，相手の情報入手も難しいなどの理由から，金融商品会計では上記の3つの債務者区分に従った債権分類となっている。なお，金融商品会計と金融検査マニュアルの整合性の観点からは，一般債権は正常先と要注意先の，貸倒懸念債権は破綻懸念先の，破産更生債権等は実質破綻先と破綻先の債権が整合する。

財務諸表 financial statement ♦ 決算で作成する書類の総称。財政状態を示す貸借対照表や経営成績を示す損益計算書がその中心。「財務諸表等規則」では貸借対照表，損益計算書，キャッシュ・フロー計算書，株主資本等変動計算書，附属明細表を挙げている。「連結財務諸表規則」では連結貸借対照表，連結損益計算書，連結株主資本等変動計算書，連結キャッシュ・フロー計算書，連結附属明細表を挙げているほか，「中間財務諸表等規則」では中間貸借対照表，中間損益計算書，中間株主資本等変動計算書，中間キャッシュ・フロー計算書を，また「中間連結財務諸表規則」では中間連結貸借対照表，中間連結損益計算書，中間連結株主資本等変動計算書，中間連結キャッシュ・フロー計算書を挙げている。

財務諸表等規則 regulations concerning financial statements ♦ 正式名称は「財務諸表等の用語，様式及び作成方法に関する規則」。証券取引法に基づき提出する財務諸表に

ついて定めたもの。7章からなり，総則，貸借対照表，損益計算書，キャッシュ・フロー計算書，株主資本等変動計算書，附属明細表，外国会社の財務書類につき規定している。財務諸表の作成に関することだけでなく，広く財務諸表の解釈等にも影響を及ぼす。

債務超過 asset deficiency ♦ 純資産がマイナスの状態。すなわち，貸借対照表上，負債総額が資産総額を上回っている状態をいう。

財務内容評価法 ♦ 金融商品会計において貸倒懸念債権の貸倒計上額を見積もる方法の1つ。債権に担保や保証が付されているのであれば，担保の処分見込額や保証による回収見込額を債権額から減額して，その残額に債務者の財政状態や経営成績を考慮して貸倒見積高を算定する。貸倒懸念債権となる債務者はまだ破綻状態にあるわけではないので，回収額を見積もることは難しい。また，財政や経営の状態についての情報を入手することも困難であると考えられるため，担保や保証による回収見込額を減額した額に50％を乗じて算出し，次年度以降に見直すなど簡便的な方法も認められている。担保の処分見込額は流動性や時価を考慮し，保証については保証人の保証能力や保証の意思などを検討することが必要となる。

債務保証 guarantee of debt ♦ 主債務者が債務を履行しない場合，保証人が当該債務を履行する責任を負う旨を契約で定めることで債権者の債権を担保するもの。債務保証は偶発債務として注記する。この際，保証予約や経営指導念書も，通常，注記を要する。主債務者の財政状態の悪化等により，引当金の設定要件を満たす場合は債務保証損失引当金を計上する。

債務保証損失引当金 provision for loss on guarantees, allowance for loss on guarantees ♦ 債務保証を行い，主債務者が法形式的に経営破綻の状態にある，または深刻な経営難の状態にあり再建の見通しがないなど，主債務者に代わり

債務の弁済を負う可能性が高い場合に計上する引当金。債務保証金額から主債務者の返済可能額や担保による回収見積額を控除した金額を計上する。債務保証損失の金額を合理的に見積もれない場合や，債務弁済を負う可能性が高くない場合は，引当計上せず財務諸表に注記する。

債務免除 debt forgiveness ♦ 債権者の一方的な意思表示によって債務を無償で消滅させる行為をいい，債権者側からすると債権放棄となる。債務者側は債務免除益となるため原則として課税され，債権者側は貸倒に該当しないのであれば寄付金と認定されて損金不算入となる。→債権放棄

材料価格差異 material price variance ♦ 標準原価計算における原価差異の1つで，標準価格と実際価格の差を原因とする材料価格差異と，標準消費量と実際消費量の差を原因とする材料消費差異がある。標準原価計算では，消費量及び価格を標準原価をもって設定するため，実際発生額との間に差異が生じることとなる。なお，実際原価計算においても，消費価格を予定価格をもって計算している場合には，材料消費価格差異が認識されることとなる。また，材料価格差異に関しては，材料の受入価格に標準価格を設定する場合に認識される材料受入価格差異と，消費価格に標準価格を設定する場合に認識される材料消費価格差異とがある。

材料主費 material cost ♦ 原価計算において，材料の購入対価部分を指す。材料費として認識される購入原価には買入手数料などの材料副費も含まれることになるが，材料主費は，副費を含めずに材料自体の支払費用をみる場合に用いられる。

材料費 material cost ♦ 原料，材料が消費されたことによって生じる原価。材料費は，①形態別にみて素材費（または原料費），買入部品費，燃料費，工場消耗品費，消耗工具・器具・備品費に，②機能別にみて主要材料費や修繕材料費，試験研究材料費など補助材料費あるいは工場消耗品費に，③製品との関連で直接材料費，間接材料費に分類される。

材料副費 costs incurred in purchasing materials ♦ 材料の購入対価部分とは別に、材料の買入れに関して発生するもので、大別して外部材料副費、内部材料副費とする。外部材料副費は企業の外部で発生した副費で買入手数料、引取運賃、荷役費、保険料、関税など材料買入れに必要な引取費用をいう。また、内部材料副費は企業の内部で発生したもので、購入事務、検収、整理、選別、手入れ、保管などに必要な費用をいう。

先入先出法 first-in first-out method; FIFO ♦ 棚卸資産等の払出価格を計算する方法の1つ。最も古く取得したものから先に払い出すと想定して計算する方法。実際のものの流れに即した計算方法だが、インフレーションのもとでは、先に取得した安価品を先に払い出すため、利益を大きく表示する一方、期末残高は高い価格で表示するという問題がある。

先日付小切手 postdated check ♦ 小切手を振り出すに当たり、実際の振出日ではなく、将来の日付をもって振り出された小切手。振出人が、資金繰り等の都合により、口座からの支払を遅らせたい場合に利用されることが多い。小切手を振り出す際には、通常、当日が振出日とされ、受取人はすぐさま銀行に持ち込むことにより現金化できる。しかし、双方の合意のもとで、小切手に記載された将来の振出日まで支払を猶予したい場合に先日付小切手が用いられる。会計処理上、通常の小切手を受け取った場合、現金勘定で処理されるのに対し、先日付小切手の場合は受取手形勘定で処理される。

先物取引 futures trading ♦ 将来の一定の日に、特定の商品及び対価の授受を約する売買取引。現物決済のみでなく差金決済による精算が可能。株式・金利・通貨等のほか商品(金属、石油、農産物など)に関して行われている。

作業屑 scrap ♦ 製造を行っている際に発生する材料の切片などをいう。作業屑は、評価額をもって製造費用などから控除する。

先渡取引 forward trading ♦ 当事者の間で、特定の商品を将

来の一定の日に，約定した価格で受け渡すことを約する取引。先物取引は取引所を通じて行うが，先渡取引は当事者間で行う。

差入保証金 guarantee money paid ◆ 与信目的の営業保証金や，建物等の賃貸借契約に基づく敷金などが含まれ，原則として取得価額により計上する。ただし，将来返還される建設協力金等の差入預託保証金は，当初差入時に，返済期日までのキャッシュ・フローを割り引いた現在価値で計上し，当初支払額と現在価値との差額を長期前払家賃として契約期間にわたり各期の損益に配分する。一方，建設協力金等の差入預託保証金は，返済期日に回収されるため，当初時価と返済金額の差額を契約期間にわたり受取利息として計上する。

サービスポテンシャルズ service potentials ◆ 将来収益獲得能力。有力な資産概念の1つは，資産の本質をサービスポテンシャルズと捉え，潜在的に企業にとって収益獲得の源泉となるものは資産に含めるべきと考える。潜在的用益ともいわれる。

サーベンス・オクスリー法 Sarbanes-Oxley Act of 2002 ◆ 米国企業改革法，略してSO法，SO_X法という。米国のエンロン，ワールドコム事件等の粉飾決算を原因とする企業破綻を契機に会計不信が高まり制定された法律。企業開示情報の見直しや独立監視機関（PCAOB）の設置，監査法人の独立性の確保，企業の不正行為への厳罰化，監査企業への非監査証明業務の同時提供の禁止，監査法人の関与社員の交替制等につき規定している。米国証券取引委員会（SEC）に登録している企業に適用される。

産業再生機構 Industrial Revitalization Corporation of Japan ◆ 平成15年4月に株式会社産業再生機構法により官民が共同で設立し，経営不振に陥っているが本業に競争力などがあり再生できる見込みのある会社の再生を行うもの。銀行の不良債権となっている融資先の債権を非メインバンクから買い取ることによって，メインバンクと共同で企業の再生を

図る。10兆円の資金を元手に平成17年2月までの2年間で41件の会社の選定が終わり、3年以内に債権の処分を行いその役割を終える。再生先はダイエーやカネボウがある。

残存価額 residual value, salvage value ♦ 固定資産が使用できなくなったときの処分価値をいい、減価償却費の計算要素である。例えば、使い終わった固定資産を売却する予定であればその売却価格が、撤去や処分に追加的に費用が見込まれる場合は、その追加コストを売却価格等から差し引いた額が残存価額になる。残存価額は見積もりによって決定され、これにより減価償却計算において固定資産の取得原価のうち費用化される総額が確定されることになるため、その見積もりは慎重でなければならない。わが国では実務上、法人税法による取得原価の10％の規定に従うことが多いが、この場合には、用途または利用頻度の異なる同一の固定資産でも残存価額が同じになってしまい、また、据付費用など固定資産の取得原価に算入された付随費用の一部まで残存価額に含まれてしまうなど、会計理論上は合理的ではないとされている。

し

仕入債務 trade payable ♦ 支払手形や買掛金などの営業債務の総称。買掛債務、支払勘定などともいう。

仕入値引 perchase allowances ♦ 仕入商品、原材料等につき品質不良、数量不足、汚損等の理由から代金の一部の控除を受けること。

仕入割引 purchases discounts ♦ 買掛金を支払期日より早く支払うことで受ける一定の割引（金融上の利益）。営業扱いの仕入値引とは異なり営業外収益として計上する。

仕入割戻 rebate on purchase ♦ 一定の期間に多額または多量の仕入を行い、仕入先から一定割合の代金払戻しを受けること。仕入値引同様、営業扱いとして仕入高等から控除する。

時価 fair market value ◆ 時価とは市場の中で取引されている価格のこと。時価にはさまざまな種類があり、伝統的には、販売市場では、「いくらで売れるか」の指標となる正味実現可能価格があり、購入市場では、「同じものがいくらで買えるか」という意味の再調達原価がある。このほかに、市場の利子率を所与として資産から生み出される将来の収益（キャッシュ・フロー）を割り引いた割引現価なども、理論的な時価として存在している。金融商品会計では「公正な評価額」を時価と定義しており、市場がある場合にはそこでの市場価格が時価となるが、市場がない場合や市場があっても公正な評価額でない場合（例えば、極めてイレギュラーな相対取引など）、市場価格が入手不可能な場合は「合理的に算定された価額」を公正な評価額として使う。具体的には、（1）市場価格とは、①取引所における取引価格、②店頭市場における取引価格で流通性や換金性が十分なもの、③金融機関間の市場やディーラー間の市場、インターネット市場などのように売買や換金などが可能なシステム上の取引価格で用いられるものがある。（2）合理的に算定された価額とは、①取引所などから公表される類似の資産市場価格に利子率等を加味して算定した価額、②金融資産などから発生する将来キャッシュ・フローの割引現在価値、③一般に広く普及している理論値モデルなどを利用して算定した価額などがある。いずれにしても、信頼できるもので、かつ、客観性があることが必要であり、毎期同一の方法によって入手し、継続して使用しなければならない。

仕掛品 work in process ◆ 棚卸資産のうち、製造作業中にある中間生産物。製造工程が進捗すると製品、半製品あるいは部品となる。

時価主義 fair value accounting ◆ 時価主義会計ともいう。貸借対照表上の資産、負債等を時価で評価し、時価の変動を財務諸表に反映する会計処理方法。金融商品会計等の一部に適用しているが、基本は取得原価主義で、減損や強制評価減

など取得原価主義の枠内での処理と混同しないこと。

直先差額 ♦ 外貨建取引等における為替予約時点の直物レートと先物レートとの差のこと。→振当処理

直直差額 ♦ 外貨建取引等における取引時の直物レートと為替予約時点の直物レートとの差のこと。→振当処理

事業譲渡 transfer of business ♦ 会社の事業の全部または一部を，他の会社に譲渡すること。単なる個々資産の譲渡ではなく，事業部全体の譲渡というように，取引先との関係やノウハウなどを含め，一体としての事業を他の会社に譲渡することをいう。事業譲渡は，株主にとって重要であるから，原則として株主総会の特別決議が必要とされ，反対する株主に対しては株式買取請求権が認められている。なお，事業譲渡と同様の効果を有する組織再編手法として，会社分割による事業の移転がある。

事業所税 business facility tax ♦ 都市環境の整備及び改善に関する事業に要する費用に充てるための目的税で，地方税法で定められた都市だけで課税される市町村税。事業所の床面積に応じた資産割と従業員の給与総額に応じた従業員割について課税される。なお，決算書においては事業税と異なり全額営業費用の租税公課に計上される。

事業税 business tax ♦ 地方税の１つで，法人や事業を行う個人に対して都道府県が課すもの。法人の場合には，法人税と同様にその年度の課税所得に税率を乗じて税額を算出する（所得割額）が，資本金が１億円を超える法人については，平成16年４月１日以降に開始する事業年度から外形標準課税が導入されたことにより，所得割額のほかに付加価値割額と資本割額を合わせて課されることになった。なお，決算書のうち損益計算書では，所得割額は法人税と同様に「法人税，住民税及び事業税」に含め，付加価値割額と資本割額については，固定資産税などと同様に「租税公課」として営業費用に計上する。

事業等のリスク business risk ♦ →リスク情報

事業報告 business report ♦ 会社法において，旧商法の営業報告書に代えて作成が義務付けられている書類。記載内容が，必ずしも会社の計算に関する事項に限らないことから計算書類外の書類として位置づけられている。会社法施行規則によると，主な記載内容は，①会社の状況に関する重要な事項として，(a)主要な事業内容，(b)主要な営業所及び工場ならびに使用人の状況，(c)主要な借入先及び借入額，(d)事業の経過及びその成果，(e)重要な資金調達・設備投資・事業の譲渡等の状況，(f)直前3事業年度の財産及び損益の状況，(g)重要な親会社及び子会社の状況，(h)対処すべき課題など，②取締役の職務執行が法令及び定款に適合することを確保するための体制などの内部統制システムの構築の基本方針について決定または決議した場合にはその決議の内容，とされる。

資金繰表 ♦ 現金，預金の収入・支出を示した表。

試験研究費 research cost ♦ 新製品または新技術の発見のための試験研究を行っている場合に特別に支出した費用。これに対し，企業が現在，生産している製品や製造技術などを改良するために，平常から行っている試験研究の費用は，これに含めない。

自己株式 treasury stock ♦ 会社が発行済みの株式のうち自社で保有する株式で金庫株ともいう。従来，自己株式取得は原則禁止であったが平成13年商法改正で規制緩和した。取得財源は配当可能額の範囲内だが資本や法定準備金の一部を財源とすることができる。原則として欠損での取得は認められない。取得後の保有に係る期間の制限はない。会計上は貸借対照表上の資本（「純資産の部」のうちの「株主資本」）の控除項目として表示する。子会社による親会社株式の取得はできないが，例外的に子会社が保有する親会社株式がある場合は，連結財務諸表上，親会社が保有している自己株式と合わせて純資産の部の（「株主資本」の）控除項目として表示する。

自己株式処分差額 gain (loss) on disposition of treasury stock ◆ 自己株式の処分対価と帳簿価額との差額。自己株式の処分は資本取引なので自己株式処分差益は資本剰余金のその他資本剰余金として記載する。自己株式処分差損はその他資本剰余金からマイナス（マイナスしきれなければ利益剰余金のうち繰越利益剰余金からマイナス）する。

自己金融 self finance ◆ 企業の内部留保と減価償却費の内部資金で資金調達すること。増資や借入により企業外部から調達した資金とは異なり，自己金融による資金は金利や配当等の負担がかからず，効率的な資金調達が可能となる。

自己査定 internal assessment ◆ 金融機関の保有する貸出金や有価証券等の資産を個別に検討し，回収の危険性や価値毀損の危険性の度合いに応じて区分することを資産査定という。金融機関自らが行う資産査定を自己査定という。自己査定は，金融機関が信用リスクを管理するための手段で，適正な償却・引当を行うための準備作業となる。

自己資金 net worth ◆ 自己資本と同義。企業の資金調達を，その源泉別にみると，銀行からの借入金などの他人資本と，株主からの拠出資本ならびに利益の蓄積である利益剰余金などの自己資本とに区分される。自己資本の内訳は資本金，資本剰余金，利益剰余金等である。なお，会社が有する自己株式は自己資本の控除項目となる。

自己資本比率 ratio of net worth ◆ 自己資本を総資産で割った比率。資本構成を見るための指標であり，企業の財務の健全性を見るために用いられる。自己資本比率が高いほど負債への依存度が低く財務の健全性が高いとされる。

自己責任の原則 ◆ 証券取引に当たり，投資が成功せず損失を被ることとなった場合，その責任は投資判断を行った投資家自らが負うという基本原則のこと。投資を行う場合は投資家自身が検討を重ね自己の責任のもとで判断する必要がある。

事後設立 ◆ 会社が，その成立後2年内に成立前から存在する

財産を，純資産額の20分の1を超える金額で取得すること。会社が当該取引を自由に行えるとすると，現物出資や財産引受などの会社設立時における規制の脱法行為となる危険がある。そこで会社法では事後設立を行うには株主総会の特別決議が必要としている。なお，旧商法で要求されていた検査役の調査は不要となった。

自己創設のれん internally generated goodwill ♦ 企業の超過収益力をのれんといい，その源泉は技術力，ノウハウ，ブランドなどが挙げられる。ここに自己創設のれんは，企業がその活動を通じて自ら生み出した超過収益力である。有償で譲り受け，または合併により取得したものは資産として計上できるが，自己創設のれんは貸借対照表に計上することができない。

事後テスト ♦ ヘッジ会計を適用するには，事前にヘッジ関係が有効であるかを検討するのみでなく継続的に高い有効性を満たしているかを確認する必要があるが，これを事後テストという。

試査 test checking ♦ 特定の監査手続の実施に際して，資料等の母集団の一部を抜き出してその一部を対象として検討する方法。試査には，抜き出した一部の項目に対する検討の結果から母集団全体の評価を推定するサンプリングによる試査と母集団全体の評価の推定を行わない特定項目抽出試査がある。

資産 asset ♦ 企業が所有する財産や権利の総称。現行の企業会計原則を前提とすると，財産には商製品や土地など有形のもの，前払費用やソフトウェアなどの無形のものなど各種の形態のものがあり，権利についても広い範囲にわたっている。「企業会計原則」では資産を流動資産，固定資産，繰延資産の3つに大別し，さらにそれぞれの資産について細分している。

資産性 ♦ →貸借対照表能力

資産のグルーピング grouping of assets ♦ 固定資産の減損

会計において，減損の兆候の把握，減損損失の認識，減損損失の測定を行う単位のことで，減損会計で最も重要な作業。個々の固定資産において減損が生じているというよりも，むしろ複数の資産を使用している事業や部門の収益の悪化等により固定資産に減損が生じていることのほうが多い。つまり，複数の資産が集まって独立のキャッシュ・フローを生み出すのであれば，減損損失の認識及び測定においては，その合理的な範囲で資産のグルーピングを行う必要がある。ただし，資産のグルーピングを会社全体などとすると減損の発生状況がまったくわからなくなり，固定資産の減損会計の意味がなくなる可能性もある。そのためグルーピングの単位は，独立したキャッシュ・フローを生み出す最小単位とし，管理会計上の区分や投資意思決定等を行う単位を目安としている。なお，個別決算において行った減損のグルーピングは，連結決算で減損を行う場合には見直さなければならないケースもある。

試算表 trial balance ◆ 仕訳帳から元帳へ仕訳が転記されるが，この転記の正確性を確かめるために各勘定ごとに転記金額を集計し一覧表にしたもの。試算表の種類には①合計試算表，②残高試算表，③合計残高試算表がある。①の合計試算表は，転記された借方，貸方金額をそれぞれ勘定ごとに集計したものであり，すべての勘定の借方合計，貸方合計は仕訳帳のそれと一致する。したがって，転記の網羅性・正確性が確認できる。②の残高試算表は，転記された借方と貸方の差額をそれぞれ勘定ごとに集計したものである。③の合計残高試算表は①②の両方を兼ね備えたものである。

資産負債法 asset and liability method ◆ 税効果会計の方法の1つで，一時差異を，会計上の資産または負債の金額と税務上の資産または負債の金額の差額で認識し，繰延税金資産及び負債に適用する税率を一時差異の解消する年度のものを用いるもの。これに対して，「繰延法」とは，一時差異の認識を収益及び費用の期間帰属から認識し，繰延税金資産及び

負債に適用する税率を一時差異の発生した年度のものを用いる方法である。かつて諸外国では繰延法が主に採用されていたが，わが国をはじめ現在では資産負債法が主流である。繰延税金資産及び負債の計上について，繰延法は法人税申告書の別表四を基礎とするが，資産負債法は別表五を基礎としていることや，繰延税金資産及び負債に適用する税率を一時差異の解消する年度のものを使用することに特徴がある。例えば，税率に変更がある場合に，繰延税金資産及び負債に適用する税率として一時差異の発生年度のものを採用すると，繰延税金資産の金額は過去の数期間の合計額でしかないが，解消年度の税率を採用すると，税率変更の影響が繰延税金資産に反映され，実際に節減できる金額が資産計上されることになる。このように，資産負債法は貸借対照表における資産性の観点から望ましい方法とされる。

システム監査 system audit ♦ 監査対象から独立したシステム監査人が，情報システムに関するリスクに対するコントロールが適切に整備，運用されているかを，検証及び評価することによって，保証を与えあるいは助言を行うこと。

事前テスト ♦ ヘッジ会計を適用するときに，事前にヘッジ関係が満たされているかの有効性をテストすること。

仕損品 spoilage ♦ 製造作業の途中で仕損じたために発生する不完全品。従業員の過失や機械設備，原材料などの不良によって生じ合格品とならないものである。

実現主義 realization basis ♦ 収益をあげられることが確実となった時点で収益を認識するという考え方。つまり収益金額が確定的であり，かつ，その獲得も確実な段階で収益を計上するものである。剰余金の分配可能額を確実に計算するための配慮とされている。この実現主義の具体的な適用基準の例として販売基準がある。これは会社が商製品やサービスを相手に提供し，かつ，その対価としての代金の支払を受けるか債権が確定した段階で収益を計上する基準である。

実現損益 realized gain and loss ♦ →実現主義

実現利益 realized profit ♦ →実現主義

実効税率 effective tax rate ♦ 税金費用（法人税，住民税及び事業税と法人税等調整額の合計）の税引前当期純利益に対する割合のこと。税負担率ともいう。

実査 physical inspection ♦ 被監査会社の保有する特定資産について監査人が自ら実物検査を行い，主として当該資産の実在性を立証する監査技術。資産のうちでも現金，手形，有価証券などについて適用される。

実際原価 actual cost ♦ 原価要素について，実際消費量に基づき計算した原価。価格に予定価格等を用いた場合であっても，消費量が実際消費量である場合には，実際原価となる。なお，実際消費量は，正常な状況において発生したものである必要がある。

実際原価計算 actual costing ♦ 実際原価に基づく原価計算。実際原価は，実際消費量に実際価格または予定価格を乗じて算出され，異常な状態を原因とする異常な消費量は，除かれる。

実績主義 actual result basis, stand-alone basis ♦ →予測主義

実地棚卸法 physical inventory method ♦ 棚卸資産の期末数量及び残高を実地棚卸により確定し，棚卸資産の払出数量及び払出価額を計算する方法。棚卸により払出数量及び払出価額を計算するため棚卸計算法とも呼ばれる。この方法では払出数量中に棚卸減耗損を含むため，実際消費量を正確に把握できない。よって，払出のつど払出数量を記録する継続記録法を採用し実地棚卸計算法を補完的に採用する方法が望ましい。重要性のない補助材料や消耗品等は実地棚卸法を適用する。

指定社員 ♦ 監査法人社員の責任の一部有限化を図る指定社員制度が，2004年4月の改正公認会計士法により導入されたことにより，監査法人内で，特定の監査証明業務の担当として指定を受けた社員を指定社員という。指定社員は，被監査会

社等に対して指定内容を書面により通知することで、法律上の効果が発生する。指定社員は、当該指定証明業務において生じた被監査会社等に対する責任について、監査法人がその財産をもって完済できない場合には、無限責任を負うことになるが、指定社員以外の社員の被監査会社等に対する責任については、出資金の範囲に限定される。

支配株主 controlling shareholder ♦ 会社法において親会社または総株主の議決権の過半数を有することで会社を支配する者をいう。支配株主は関連当事者に該当し、関連当事者との取引に関する注記がなされる。また、第三者との取引であって、支配株主との利益が相反するものの明細が事業報告の附属明細書を構成する。

支配力基準 control criteria ♦ →子会社

支払経費 expense charged on payment ♦ 原価計算上、経費を計算する場合に支払額をもって経費として算出されるもの。福利施設負担額、修繕料、旅費交通費、運賃、保管料、交際費、外注加工費などがこれに当たる。

支払手形 notes payable-trade, acceptance payable ♦ 手形債務のこと。約束手形を振り出す場合や為替手形を引き受ける場合に発生する。

四半期開示制度 quarterly financial reporting system ♦ 上場企業等が、3カ月（四半期）毎に売上高、利益など損益計算書や貸借対照表、キャッシュ・フロー計算書の状況を記載した財務諸表を開示する制度。1年決算の公開会社では、従来から中間決算、年度決算で決算発表をしてきたが、より適時な投資情報の提供を目的に制度化され、平成16年4月から四半期財務・業績の概況に関する開示が各証券取引所で義務化された。現在、東京証券取引所マザーズ等では、四半期開示に公認会計士（監査法人）のレビューを要する。なお、金融商品取引法の施行に伴い、四半期報告制度が平成20年4月1日以後開始事業年度から導入される。

四半期財務諸表 quarterly financial statements ♦ →四半期

開示制度

資本 stockholders' equity ♦ 企業活動の元手であるが、会計上の概念は、その範囲により1つではない。広義には貸借対照表上で資産と負債の差額として捉えられ、自己資本、株主資本、純資産ともいわれる。借入金など他人から調達した元手を返済した後の金額を示す。最広義には借入金等についても元手であり、自己資本と他人資本を合わせて資本ということもある。また、狭義には、資産と負債の差額のうち、株主等の出資者からの拠出分、すなわち出資者から得た元手であり、資本金や資本準備金などを示すこともある。

資本金 capital stock ♦ 会社財産を確保するための基準となる一定の金額で、株主が出資した額のうち資本準備金を除いたもの。資本金は貸借対照表の純資産の部に記載され登記事項となる。

資本金等明細表 schedule of capital ♦ →附属明細表

資本コスト cost of equity ♦ 企業が資金を調達するときのコスト。資本コストには、借入コストと株主資本コストが含まれ、通常、資本コストとしては、借入コストと株主資本コストを加重平均した加重平均資本コストが用いられる。

資本準備金 (legal) capital reserve, additional-paid in capital ♦ 法定準備金の1つであり、株主からの払込額のうち資本金に組み入れられなかった部分のほか、剰余金の配当によって積み立てられた部分。前者の具体例として、株式の発行価額のうち資本金に組み入れられなかった額のほか、合併、吸収分割、新設分割、株式交換、株式移転の際に計上される。貸借対照表上は資本剰余金の内訳として表示される。→準備金

資本剰余金 additional paid-in capital, capital surplus ♦ 会社の純資産額のうち資本金の額を超える部分を剰余金というが、このうち、資本取引によって発生した剰余金を資本剰余金という。資本準備金、その他資本剰余金が該当する。→資本準備金、その他資本剰余金

資本的支出 capital expenditure ♦ 使用している設備等の固定資産に対し，機能の向上・耐用年数の延長など，価値を高めるために行われる支出のこと。単なる修繕のための収益的支出と区別する。収益的支出は支出時の費用として処理されるが，資本的支出は当該固定資産の取得原価に算入される。

資本等取引 capital transactions ♦ 法人税法における資本金及び資本積立金額に増減を生じる取引ならびに利益等の分配のことでこれらは益金や損金から除外される。法人税法では株主からの拠出資本のみを資本と考えているため国庫補助金は益金になり，また，利益配当は損金とならない。

資本取引損益取引区分の原則 principle of distinction between capital surplus and earned surplus ♦ 企業会計原則の一般原則の1つ。資本取引と損益取引とは性格が異なるため，両者を明瞭に区別し，特に資本剰余金と利益剰余金とを混同しないよう規定している。

資本連結 capital consolidation ♦ 連結貸借対照表を作成する場合に，親会社の投資勘定とこれに対応する子会社の資本勘定は相殺消去して連結する。その際に生じた差額は連結調整勘定とする。一方，子会社の資本のうち親会社に帰属しない部分は少数株主持分とする。こうした手続を資本連結という。

資本割 capital tax portion (of business tax) ♦ →外形標準課税

社会会計 social accounting ♦ 国民経済全体の状況を会計学の分析手法によって解明するもの。国民経済の場合，国民所得統計，産業関連分析，マネーフロー表などの資料があるが，これに会計学の貸借対照表，損益計算書などの作成に関する手法を適用する計算体系である。

社会責任会計 social responsibility accounting ♦ 企業の社会的責任の評価を取り入れた会計であり，環境会計などがこれに当たる。社会的責任投資などの認知度の高まりにより，社会的責任会計も注目を集めるようになってきた。企業の活

動を環境への配慮や社会的貢献といった社会的責任という評価要素に基づき認識・測定・記録した上で報告するもの。

社外流出 distributed income ◆ 会社から外部へキャッシュが流出していくことをいい，剰余金の配当や役員賞与を指すことが多い。

借地権 leasehold interest ◆ 建物の所有を目的とする地上権または土地の賃借権をいう。法的な普通借地権の存続期間は30年だが契約上30年を超える場合は当該期間となる。取得原価で無形固定資産に計上し，償却は行わないが，減損会計の対象となり，投下した資金が回収できない恐れが生じた場合，収益性の低下を価値の下落として捉え，帳簿価額を切り下げる。

社債 bonds payable, corporate bonds ◆ 事前に定めた時期に償還する条件で会社が発行する確定利付きの有価証券。社債発行による調達資金は長期の資金が多く，通常，設備資金や長期運転資金に充てる。普通社債と新株予約権付社債がある。発行対象により公募債と私募債に区分され，担保の有無により担保付社債，無担保社債に区分される。平成13年商法改正により転換社債，新株引受権付社債は廃止され新株予約権付社債に一体化された。

社債発行差金 unamortized premium on bonds ◆ 社債を額面金額より安く発行（割引発行）する場合に発行価額と額面金額との差額を処理する科目。従来は，支出時に費用処理する方法のほか繰延資産として計上することも可能であったが，会社法施行に伴い，社債金額から直接控除されることとなった。

社債発行費 issue cost on bonds, bond issue cost ◆ 社債発行に直接要する費用。引受人募集のための広告費，金融機関等の取扱手数料，社債申込書・社債券等の印刷費，登記時の登録税等を含む。繰延資産として処理できる。

社債明細表 schedule of bonds payable ◆ →附属明細表

収益 income, revenue ◆ 売上高，受取利息など，純資産を

増加させる要因のうち，出資などの資本取引を除いたもの。損益計算書では，この収益から費用を差し引き，利益を計算する。つまり，収益とは利益の源泉となる収入をいう。

従業員持株会 employee stock ownership plan ◆ 福利厚生の一環として従業員が自社の株式を共同購入するとともに会員の拠出額に応じて持分や収益を分配する制度。安定株主の確保や従業員の参加意識の向上を理由として実施していることが多い。

修正受渡日基準 ◆ 金融商品会計における有価証券の発生及び消滅認識は約定日基準が原則であるが，約定日から受渡日までの期間が通常の短い期間である場合に継続適用を前提として，有価証券の発生及び消滅は受渡日に認識し，評価損益や売買損益は約定日に認識することが例外的に認められている。これを金融商品会計では修正受渡日基準と呼んでいる。

修正後発事象 adjusting events after the balance sheet date ◆ →後発事象

修正申告 amended (tax) return ◆ 当初申告した所得や納税額に過少の誤りがあり，これを修正するための申告をいう。延滞税や加算税がかかることがある。税務署長から更正があったときは修正申告できない。

修繕引当金 reserve for repairs ◆ 将来生じる修繕工事費に備えて計上する引当金。毎期継続して計画的に修繕工事を行う場合，修繕工事に係る支出の期間帰属を適正に行うために計上する。特別の修繕工事のための特別修繕引当金や，修繕は行われたが代金が未払いの場合の未払修繕費とは異なる。

住民税 inhabitant tax ◆ 都道府県民税と市町村民税の総称で，地方公共団体が徴収する地方税のこと。そこに住んでいる住民などが行政の経費を負担する目的で納めるもの。それぞれ，法人に対するもの，個人に対するものがあり，所得に基づく「法人割」（法人）や「所得割」（個人）と，所得に基づかない「均等割」，預貯金の利子などに課される「利子割」がある。

重要性の原則 materiality concept ♦ 企業会計原則の注解で取り上げられている原則。企業会計は，企業の財務内容を明らかにし，企業の状況に関する利害関係者の判断を誤らせないようにすることを目的としている。そのため，重要性の乏しいものについては，本来の厳密な会計処理によらないで他の簡便な方法によっても正規の簿記の原則に従った処理として認められている。重要性の原則は，会計処理についてのみでなく，財務諸表の表示についても適用される。

重要な会計方針 significant accounting policies ♦ →会計方針

授権株式数 shares authorized ♦ →発行可能株式総数

出荷基準 shipment basis ♦ 商品等を出荷した時点で収益を計上する方法。商品等の販売により実現した金額を収益として認識する。商品の販売をどの時点で認識するかという違いにより，出荷基準や検収基準等がある。取引実態によりいずれかを選択する。

出資金 contribution to capital ♦ 株式会社以外の企業に対する資本拠出額をいう。固定資産の「投資その他の資産」に属する項目で，財務諸表等規則上，関係会社に対するものは関係会社出資金として別掲する。

取得価額 original cost ♦ →取得原価主義

取得原価主義 historical cost basis ♦ 貸借対照表において，資産の評価を取得原価（実際に取引として成立し，取得のために支出した額）を基礎として行うもの。取引価額を基礎とするため，客観性があり計算が容易である。原価主義，原価基準ともいわれ，会計基準の基本的な考え方として広く採られている。資産の評価に関する他の考え方として時価主義がある。時価主義は，決算時における時価をもって資産の評価を行うため含み損益が計上されることがあるが，取得原価主義では原則として時価による評価替えは行わず，含み損益も認識しないこととなる。

取得条項付株式 ♦ 定款に定めることにより，一定の事由が

生じた場合に，会社が株主から株式を取得することができる株式。会社法で新設された。

取得請求権付株式 ♦ 株主が会社に対し買取りを請求できる種類株式のこと。定款で定めることができる。請求されると会社は，自己株式として当該株式を取得しなければならない。会社法で新設された。

主要株主 major stockholders ♦ 総株主の議決権の10％以上の議決権を保有する株主。「関連当事者との取引」の記載対象になる。上場会社等では，主要株主が異動した場合臨時報告書の提出を要する。

純額表示 stated in net amounts ♦ 収益の額と費用の額とを相殺し差額のみを表示すること。企業会計原則では収益と費用の額を直接相殺せずに総額で表示する総額主義の原則を定めているが，為替差損益や一時所有目的の有価証券に係る有価証券評価損益などは相殺して純額で表示する。また，売上値引や売上割戻，仕入値引，仕入割戻等も控除後の純額で表示する。このように，会社の取引実態を明瞭に表示するため，総額主義の例外として純額表示を行う場合がある。

純資産 net asset ♦ →資本

純資産の部 net asset ♦ 貸借対照表の，資産と負債との差額である純資産を表示する区分。純資産は，自己資本，株主資本，資本，正味財産などとも呼ばれる。会社法上は，株式会社の純資産の部を，株主資本，評価・換算差額等，新株予約権に区分する。

準備金 legal reserve ♦ 会社法上積み立てを強制されており，資本準備金と利益準備金がある。それぞれ，資本剰余金，利益剰余金の内訳として表示する。剰余金の配当をする場合には，原則として，配当によって減少する剰余金の10分の1を資本準備金または利益準備金として計上しなければならない。剰余金の配当が，その他資本剰余金の場合には資本準備金を，その他利益剰余金の場合には利益準備金を，両方の場合にはその割合に応じてそれぞれ計上する。

ジョイントベンチャー ♦ 主に，あるプロジェクトを行うに当たり複数の企業により組成され，プロジェクトを協力・分担して遂行する事業体のこと。共同事業体とも呼ばれる。従来から，建築業界で利用されている方式であり，公共事業などの大規模プロジェクトについて，各社の技術力，人材を集結させて事業を行う方式。

少額減価償却資産 ♦ 取得原価が10万円未満の償却性資産をいい，法人税法においてはその全額が取得した年度の損金となる。なお，10万円以上20万円未満のものは一括償却資産といい，取得した年度から3年間の均等償却をする。

使用価値 value in use ♦ →減損会計

償却原価法 amortized cost method ♦ 社債などの債券のうち，満期保有目的のものについて，債券金額よりも低い金額または高い金額で取得した場合，当該差額を満期日までに毎期，一定の方法で帳簿価額に加減する方法。債権を債権金額とは異なった金額で取得した場合にも認められる。

償却限度額 allowable limit for depreciation amount ♦ →減価償却限度額

償却債権取立益 recoveries of write-offs ♦ 債権回収の見込みがなく，貸倒処理した債権につき，翌期以降その全額または一部を回収した場合に計上する勘定。損益計算書上，特別利益に計上する。

償却性資産 depreciable asset ♦ 減価償却により費用化がなされる資産のこと。具体的には土地や建設仮勘定以外の有形固定資産，借地権などを除く無形固定資産など。

昇給率 rate of salary increases ♦ 退職給付債務や勤務費用を算出するときなどに使用する基礎率の1つ。制度の加入者の給与がどのように昇給するかを最小二乗法などを用いて合理的に見積もったもの。退職給付債務の計算過程においては，昇給率を用いて予想される各年齢の退職時の退職給付額を予測する。通常，昇給率が高いほど退職給付債務は大きくなる。

証券アナリスト security analyst ◆ 証券分析の専門家。会社の業績，財務内容や経済，産業等の動向を調査し証券の分析，評価を行い，投資家の投資意思決定に有用な情報を提供する。日本証券アナリスト協会が検定試験を行っている。

証券監督者国際機構 International Organization for Securities Commissions; IOSCO ◆ →IOSCO

証券取引所 stock exchange ◆ 内閣総理大臣の免許を受け有価証券市場を開設する証券会員制法人または株式会社をいう。東京，大阪，名古屋，札幌，福岡の各証券取引所のほか，新興市場としてジャスダック証券取引所，東証マザーズ，ヘラクレス等がある。未公開株を対象としたグリーンシート市場もある。

証券取引等監視委員会 Securities and Exchange Surveillance Commission ◆ 証券市場の公正を確保し，投資家の信頼を得ることを目的に平成5年に大蔵省内に設置した。現在，金融庁の付属機関となっている。犯則事件の調査，証券会社等の検査のほか，日常的な市場監視を行い，取引の公正を害する法令違反があれば，告発をして刑事訴追を求めたり，勧告により行政処分を求める等の処理を行う。

証券取引法 securities and exchange law ◆ 投資者の保護のために有価証券の発行や売買などの公正な取引を可能にして有価証券の円滑な流通を図ることを目的に証券取引の基本的な事項を定めた法律。米国の証券法や証券取引所法を参考にして昭和23年に制定，公布された。内容としては，有価証券の定義や証券取引法の適用の範囲，企業内容の開示（ディスクロージャー）制度，証券市場に関する規制，証券取引自体についての規制などがある。証券取引法に定められている開示書類は，有価証券届出書，有価証券報告書，目論見書，半期報告書，臨時報告書などがあり，公認会計士または監査法人による監査を法定している。ディスクロージャー制度は主に公開会社に関するものであるが，非公開会社に対しても有価証券通知書や大量保有報告書などの提出が必要な場合も定

めている。企業が開示書類の中で財務書類を作成する基準となる財務諸表等規則などは証券取引法に基づいており,わが国の企業会計に強い影響を与えている。わが国において会計に関する規定を設けている法律としては,証券取引法のほかに,会社法,税法(法人税法)がある。その後,投資者保護のための横断的法制の整備を図るとともに,公開買付制度及び大量保有報告制度など開示書類に関する制度の見直しを行うための改正案が第164回国会において通過,名称も「金融商品取引法」に変わった。

証券取引法監査 audit under securities exchange law ♦ 証券取引法に基づき会社が提出する財務諸表等について,公認会計士または監査法人が実施する監査。法律に基づいて行うもので,法定監査の1つである。証券取引法では,有価証券届出書,目論見書,有価証券報告書などにそれぞれ財務諸表を記載することとなっており,これらの開示書類について監査を実施して,監査意見が表明されることになる。

招集通知 ♦ 株主総会の開催に当たり,その会日の2週間前までに(会社法において,公開会社でない株式会社の場合は,原則1週間前までに),株主に対して発送しなければならない書類。株主総会の開催日時,場所のほか,会議の目的たる事項などが記載される。また取締役会設置会社における定時株主総会の招集通知には,計算書類(貸借対照表,損益計算書等),事業報告などが添付される。

上場会社 listed company ♦ 証券取引所で株式が売買される会社をいう。一定の上場基準を満たし,審査に合格した会社のみが上場できる。

少数株主持分 minority interest ♦ 連結貸借対照表において,子会社の資本のうち親会社に帰属しない部分のこと。従来の会計基準では,少数株主持分は返済義務がなく,かつ,連結財務諸表が親会社の株主に向けて作成されるという前提から,負債の部と資本の部の中間に,独立の項目として表示されていたが,平成17年12月9日公表の「貸借対照表の純資

産の部の表示に関する会計基準」において純資産の部の表示項目に変更された。

消費税 consumption tax ♦ 物の販売や役務の提供などの取引に対して課される間接税で、広く公平に取引の対象となった金額に一律課税される従価税である。税負担者は最終の消費者であるが、納税者は流通の各段階における取引業者となる。つまり、最終の消費者は消費税相当額を取引相手に支払うのみで、その支払を受けた取引業者は、受け取った消費税相当額から、仕入等の際に支払った消費税相当額を差し引いて申告、納税する。なお、税率は消費税4％、地方消費税1％の合計5％となっている。

商標権 trademark right, brand name right ♦ 知的財産権の1つ。商品や企業の商標を、商標法で定めた範囲で独占的に利用できる権利。特許庁への出願、審査を経て商標登録原簿に登録すれば、権利を取得できる。法的な権利期間は10年で、更新登録により20年に延長できる。法人税法上は耐用年数10年で償却できる。→知的財産権

商品 merchandise ♦ 企業が販売目的で所有するもので、流動資産の棚卸資産に含めて計上する。販売目的の所有でも、自社製造したものは製品として扱う。同種の物品を購入しても、直接販売目的なら商品として扱い、加工して販売する目的なら原材料等として扱う。不動産会社等が販売目的で保有する土地等も商品であり、棚卸資産として計上する。

商品券 gift certificate, merchandise certificate ♦ デパート等が商品券を発行した際に用いる負債勘定。商品券発行に伴い、発行者に商品券相当の商品を引き渡す義務が生じ、この義務を表すのが商品券勘定である。商品券の発行により負債（商品券勘定）が増加し、当店発行の商品券の受領に伴い負債（商品券勘定）が減少する。

商品ファンド commodity fund ♦ →ファンド

商法特例法 ♦ 「株式会社の監査等に関する商法の特例に関する法律」の略称。旧商法のもとで、大会社、小会社について

特例を定めたもの。特に大会社について会計監査人の選任，資格，権限，監査報告書などを規定しているほか，定時総会における貸借対照表，損益計算書の取扱い，株主総会招集通知への参考書類の添付，書面による議決権の行使などを定めている。なお，会社法の施行により廃止され，会社法に包括された。

正味実現可能価額 net realizable value ◆ 時価の概念として用いられるものであり，当該資産が，現在いくらで販売できるかを基礎とする価額である。売価から販売諸費用等のアフター・コストを差し引いて算定する。

賞与 employee bonus ◆ 賞与，ボーナス，決算手当，期末手当，年末一時金等従業員に労働の対価として支払う（3カ月を超える期間ごとに支払う）費用を処理する勘定。会計上，支給対象期間に対応させ費用処理する。支給対象期間の定めがあるが金額が確定していない場合，賞与引当金の計上を検討する。税務上，（すべての）使用人に支給額を通知をした日の属する事業年度に損金算入する（支給日に在職する使用人のみに賞与を支給する場合は支給日に損金算入する）。

剰余金 surplus ◆ 株主資本のうち資本金の額を超える部分。発生源泉によって資本剰余金と利益剰余金とに区分される。

賞与引当金 accrued bonuses ◆ 従業員に対する賞与の支給に備えるため，支給対象期間のうち当期に帰属する部分を当期の費用とすることにより計上される引当金。→引当金

除外事項 exception ◆ 監査人が監査報告書に監査意見を記載する場合に検討しなければならない要件として，「監査基準」では以下の事項を規定している。①会計方針が企業会計の基準に準拠して継続的に適用されているかどうか，②会計方針の選択及び適用方法が会計事象や取引を適切に反映するものであるかどうか，③財務諸表の表示方法が適切であるかどうか。これらの事項が不適切である場合に，それを除外事項と呼ぶ。除外事項の影響が財務諸表全体として虚偽の表示に当たるほど重要でない場合には限定付適正意見となるが，

財務諸表全体として虚偽の表示に当たる場合には、不適正意見が表明される。

除却 disposal ♦ 有形固定資産などを取り除き、帳簿から除外すること。一般に捨てることを意味するが、実際には捨てずにおいて帳簿上でのみ除却処理することも会計では行われる。償却済み資産の場合は理論的には損益は発生しないが、未償却残高がある資産の場合はその未償却額が除却損となる。固定資産除却損は特別損失に計上するのが原則。なお、税務上は実際に廃却しないと損金計上が認められないため注意が必要。

所得金額 taxable income ♦ 税法における「もうけ」のことで、会計における利益と同じ。

所得税 income tax ♦ 個人に課される税金で、所得税法に基づいて徴収されるもの。

所得割 taxation on income basis ♦ 地方税のうち住民税と事業税において所得金額に応じて行政の経費を負担するために課される税金のこと。所得金額に基づいて計算される。

仕訳帳 journal book ♦ 会計取引・事象を帳簿に記録する際に、それを仕訳の形で表現し、最初に記録する会計帳簿のこと。一般的に取引の日付、借方・貸方の項目や金額を記載するほか、当該会計取引・事象の内容を摘要欄に記載する。仕訳帳には、普通仕訳帳と特殊仕訳帳とがあり、普通仕訳帳はすべての取引が記録されるが、特殊仕訳帳はある特定の取引について記録されるもので、仕入帳、売上帳や当座預金出納帳などが挙げられる。

新BIS規制 ♦ →BIS規制

人格合一説 ♦ 合併の考え方について、現物出資説と人格合一説との2つがある。人格合一説では、合併を単に2つ以上の法人格が合わさって1つの会社になることと解する。この説によると、被合併会社の資産、負債などは、そのまま合併会社に簿価により引き継がれる。また被合併会社の資本金のうち、合併による増加資本金を超過する部分は合併減資差益と

して資本剰余金となり，利益剰余金はそのまま利益剰余金として引き継がれることとなる。

人格のない社団等 nonjudical organization ♦ 法人格のない団体（社団や財団）で代表者や管理者の定めがあるもののこと。法人税法上は法人とみなされて，収益事業に対して納税義務を負う。

新株式申込証拠金 subscription deposits for new stock to be issued ♦ 新株発行に当たり，新株引受の申込時に払い込まれた資金。申込開始から申込期日までは新株引受の取り消しが可能で，その間は新株式申込証拠金を流動負債の部に計上する。申込期日経過後は取り消しができず，払込期日からはすぐに払込資本となるので，貸借対照表上，純資産の部のうちの株主資本の部の，資本金の次に，新株式申込証拠金の科目で区分掲記する。

新株発行費 stock issue cost ♦ 株式交付費。新株発行に要する費用で，①株式を募集するための広告費，②金融機関等の取扱手数料，③株式申込証・目論見書・株券等の印刷費，④変更登記の登録税等をいう。旧商法では繰延資産として処理でき，3年以内に均等額以上の償却を行うこととされていた。

新株引受権 stock warrants, subscription right ♦ 会社が発行する新株を優先的に引き受ける権利。株式譲渡制限会社では株主は自動的に新株引受権を有する。新株式発行に当たり優先的な引受ができる権利である新株引受権は，新株式発行または会社の自己株式の移転を請求できる権利である新株予約権とは性質が異なる。

新株引受権付社債 bond with warrants ♦ →新株予約権付社債

新株予約権 stock acquisition right ♦ 会社に対し新株式（発行済みの自己株式も含む）の引渡しを請求する権利。会社は請求を受け，新株発行や保有自己株式の移転義務を負う。従来，新株引受権付社債や転換社債など社債と組み合わせての

発行に限定していたが，平成13年商法改正に伴い新株予約権単独で発行可能となった。新株予約権は，将来，権利行使され払込資本となる可能性もあるが，失効して払込資本とはならない可能性もある。しかし，返済義務のある負債ではないため，会社法上，純資産の部に「新株予約権」として記載する。

新株予約権付社債 bonds with stock acquisition right ♦ 新株予約権の付いた社債。会社法上，転換社債型新株予約権付社債（社債と新株予約権が単独で存在せず新株予約権付社債を新株予約権行使時の出資の目的とすることをあらかじめ明確にしている新株予約権付社債）を発行した場合は，社債と新株予約権の払込金額を合算した上で普通社債に準じて処理する一括法と，両者を区分した上で，社債の対価部分は普通社債に準じて処理し，新株予約権の対価部分は新株予約権の発行者側の会計処理に準じて処理する区分法とがある。また，転換社債型新株予約権付社債以外の新株予約権付社債を発行した場合は，区分法による。

シングルプラン single plan ♦ 標準原価計算において標準原価を勘定記入する方法の１つ。シングルプランでは仕掛品勘定（または製造勘定）の借方及び貸方ともに標準原価で記入される。このように，単一の基準によることからシングルの名前がつけられている。シングルプランでは，原価差異は仕掛品勘定（または製造勘定）では示されず，それに先立って原材料等の投入時に捉えられることからインプット法と結びつくことになる。

人件費 personal expense ♦ 役員報酬，給与その他の賃金，退職給付引当金繰入額，退職金，賞与引当金繰入額，賞与，法定福利費等の，人に係る費用の総称。

申告調整 adjustment for taxable income ♦ 課税所得を算出するために会計上の利益に対して行う申告書上の調整のことで，税務調整ともいう。申告書には別表四という調整表があり，ここで損金不算入項目や益金不算入項目などの加減算を

行い会計上の利益から課税所得を導出する。

申告納税方式 self-assessed taxation system ♦ →租税

真実性の原則 principle of true and fair reporting ♦ 企業会計原則の一般原則の1つ。企業会計は企業の財政状態，経営成績につき真実な報告を提供すべきと規定している。企業会計は継続的な企業活動を人為的に区切った期間損益計算を前提としており，公正妥当と認められる会計処理の原則及び手続の選択適用に当たり，他の一般原則を遵守することで相対的真実が保証される。

信託 trust ♦ 顧客（個人，企業等）が信託銀行に金銭や財産（有価証券，土地等）を預け，信託銀行はこれを運用して得た利益を顧客に支払うもの。金銭を預けるものを"金銭の信託"というが，これはさらに，①信託期間が終わったときに信託財産を金銭で顧客に返す金銭信託，②金銭でなく信託財産の状態で返す"金銭信託以外の金銭の信託"（金外信託）に分かれる。金銭信託のうち，顧客が運用につき具体的に指示するものを特定金銭信託といい，信託契約の範囲内で信託銀行が運用するものを指定金銭信託という。金外信託にも，信託銀行が自由な運用を行うものがあり，指定金外信託（ファンド・トラスト）と称する。

信託受益権 beneficiary rights to the trust ♦ 信託契約に基づき委託者から受託者である信託銀行等に不動産等の資産が預けられるが，この信託財産の管理運用から生じる経済的利益を享受する権利のこと。

信用取引 margin trading ♦ 資金や株式を証券会社から借りて行う株式取引のこと。証券会社に一定の保証金を差し入れることで，株式や金銭を持たずに株式売買を行えるため，自己資金や所有株式が必要な現物取引に比べ，少ない元手で大きな取引が可能となる。

信用リスク credit risk ♦ 債務者の財務状況の悪化等により，資産等の価値が減少ないし消失し，債権者が損失を被るリスク。

す

数理計算上の差異 actuarial gain or loss ◆ 退職給付会計において用いられる予測計算の結果と実績とに生じた差額のこと。退職給付会計では，1年間の損益計上額を期首の年金資産及び退職給付債務をもとに一定の仮定計算で予測計上するが，その結果，1年後の年金資産及び退職給付債務が暫定で確定する。他方で，1年後には年金資産時価及び退職給付債務の現在額を把握しており，これら事前の予測値と事後の実績値の差異を数理計算上の差異と呼んでいる。数理計算上の差異の発生原因には，①年金資産の運用に係る期待と実績との差異，②退職給付債務の数理計算に用いた見積数値と実績との差異及び③見積数値の変更等により発生した差異がある。数理計算上の差異は確率計算におけるバラツキを原因とするため，現行の基準では，発生した翌期から平均残存勤務期間内の一定の年数で償却する（遅延認識）。

スケジューリング scheduling ◆ 税効果会計における繰延税金資産の回収可能性を検討する際に，将来減算一時差異及び将来加算一時差異がいつの年度で解消されるかをあらかじめ確定させる作業をいう。将来の課税所得の見積もりやタックスプランニングに織り込まれることが多いが，繰延税金資産の回収可能性の検討では最初に行わなければならない作業である。解消年度が確定されない一時差異は「スケジューリング不能一時差異」といい，業績が安定しており十分な課税所得を毎期計上している会社を除いて繰延税金資産に計上することが難しい。

ステークホルダー stakeholder ◆ 企業の活動にかかわるすべての利害関係者のこと。株主や債権者だけでなく地域住民や金融機関，研究機関，官公庁，従業員も含む。→コーポレートガバナンス

ストック・オプション stock option ◆ 企業が役員，社員な

どに対して，自社株を一定期間（行使期間）内に，あらかじめ決められた価格（行使価格）で買うことができる権利（オプション）を付与する制度である。株価が行使価格より高ければ，オプションを行使することにより役員，社員の利益となることから報酬制度の一環として利用する企業が増えている。会計上は，ストックオプションを社員等に付与した際に，その公正な評価額のうち当期に発生したと認められる額を費用として認識するとともに，純資産の部に新株予約権として計上する。

スワップ取引 swap transaction ♦ 債務の元本や金利の支払等につき，等価のキャッシュ・フローを交換する取引であり，金利スワップと通貨スワップがある。金利スワップは，同一通貨間で固定金利と変動金利など異なる種類の金利を交換する。通貨スワップは外貨建債務と円貨建債務など異なる通貨間で元本及び金利の支払を交換する。

せ

税額控除 tax credit, tax deduction ♦ 課税所得をもとに税率を乗じて算出した税額から直接差し引くことができる控除額のこと。法人税法では，所得税額控除や外国税額控除，その他租税特別措置法で定められている特別控除がある。なお，外国税額控除の繰越額は税効果会計の対象となる。

正規の減価償却 ♦ 一般に認められた方法により当初の予定通りに計画的，規則的に減価償却を行うことをいう。減価償却の目的は，固定資産などの償却資産の原価をそれを使用する期間に適正に配分することによって毎期の損益計算を正確に行うこと。一般に公正妥当と認められた会計基準に従って計画的かつ規則的に減価償却を行う必要があり，利益に及ぼす影響を考慮して任意に各期の償却費の額を増減するようなことは認められない。

正規の簿記の原則 principle of orderly accounting ♦ 企業会

計原則の一般原則の1つ。企業会計はすべての取引につき正規の簿記の原則に従い正確な会計帳簿を作成すべきと規定している。正規の帳簿記録を行い，会計帳簿を正確に記録して，財務諸表を作成するよう求めたもの。

税金等調整前当期純利益 income before income taxes and others ♦ →税引前当期純利益

税効果会計 income tax allocation accounting, tax effect accouting, accounting for income tax ♦ 会計上の利益と法人税法の所得の認識の違いを原因として利益と法人税等が期間的に対応しないことがあるため，会計上の利益の認識時点に合わせるように法人税等を期間配分する方法をいう。会計における利益と法人税法における所得は，その算出の段階において，認識時点及び認識範囲が相違する。この認識時点の相違を「一時差異」といい，認識範囲の相違を「永久差異」という。その結果，税引前当期純利益と法人税等が期間的に対応しないので，税引前当期純利益と法人税等を可能な限り対応させるために，一時差異にかかる税金の額を合理的にこれが対応する会計期間に配分することが必要となる。ここで，法人税等の額は法人税法に定められた計算により確定する金額であるため，会計上は「法人税等調整額」の科目をもって調整する。なお，永久差異にかかる税金の額は，そもそも認識する範囲が相違するため，税効果会計の対象とならない。

税込方式 tax included method ♦ →税抜方式

精査 detail audit ♦ 特定の監査手続の実施に際して，資料等の母集団のすべてを対象として検討する方法。精査は全項目を対象に実施されるため，試査に比べ，作業量が大幅に増加する傾向にあり，母集団が金額的に重要な少数の項目から構成されている場合や，精査以外の方法では十分な監査証拠が入手できない場合などに実施される。

生産基準 production basis ♦ 収益の認識は実現主義により行うが，販売に先立ち生産段階で生産の終了した分につき収

益計上することが認められる場合がある。これを生産基準という。一例として、長期請負工事に係る工事進行基準がある。

生産高比例法 units-of-production method ♦ 固定資産の利用の程度及びその使用により生産される量に比例して減価償却費を計上する方法。この方法は、固定資産の総利用可能量があらかじめ把握でき、かつ、固定資産の利用により減価が生じていることが明らかなものについてのみ適用される。具体的には、採掘量が決まっている鉱業用設備や航空機、自動車等に適用される。計算方法は、次の通り。

当期の減価償却費＝(取得原価−残存価額)÷予定総使用(生産)量
　　　　　　　　×当期の使用(生産)量

正常営業循環基準 operating cycle rule ♦ 貸借対照表で、資産を流動資産と固定資産に、一方、負債を流動負債と固定負債に区分する基準の１つ。例えば売掛金や受取手形など、通常の販売や債権回収といった営業サイクルの過程にあるものについてはこれを流動項目として区分する基準である。したがって、正常な営業サイクルから外れた延滞債権などについては正常営業循環基準の適用はなく、ワンイヤールールにより流動項目か固定項目かの分類がなされる。

正常原価 normal cost ♦ 正常な能率、操業度、価格などの条件に基づき決定される原価。これからの正常な条件を求めるには、経営における異常な状態を排除し、経営活動に関する比較的長期にわたる過去の実際数値を統計的に平準化し、これに将来の趨勢を加味して求める必要がある。正常原価は経済状態が安定している場合に、棚卸資産価額を算定するのに最適なほか、原価管理の標準として用いられる。

製造間接費 manufacturing overhead ♦ 製造活動に伴って発生する間接費の総称で、原価の発生を直接的に製品の生産と結びつけることができない原価。間接材料費、間接労務費、間接経費など。

製造原価明細書 schedule of the cost of goods manufactured ◆ 製造原価の内訳を記載した明細書で，材料費，労務費，経費等に区分表示する。有価証券報告書等における損益計算書の添付書類。主に製造業で作成するが，サービス業等では売上原価明細表を添付する。

製造指図書 production order ◆ 工場に対して製品を製造したり，補修などの作業を指示する書類。工場はこれに基づいて作業することになる。記載事項は，製造指図書番号，製造指図書作成年月日，製造品目の名称・規格，製造数量，所要材料，製造着手日，完成予定日など製品製造について必要な事項である。製造指図書は特定製造指図書，継続製造指図書に分けられる。特定製造指図書は，個別原価計算の場合に個別の注文生産ごとに発行される。また，継続製造指図書は総合原価計算の場合に，1原価計算期間における見込み生産を行うために発行される。なお，個別原価計算において発生した仕損品を補修して製品とする場合に，補修指図書が発行される。

正当な理由による会計方針の変更 justifiable change in accounting policy ◆ 変更が認められる「正当な理由による会計方針の変更」とは，会計基準等の改正に伴う会計方針の採用または変更のほか，会計方針の変更が①企業の事業内容及び企業内外の経営環境の変化に対応しており，②変更後の会計方針が一般に公正妥当と認められる企業会計の基準に照らし妥当であり，また，③会計事象等をより適切に反映するために行われるものであり，④変更が利益操作等を目的としていない場合をいう。

制度会計 legal financial accounting ◆ 規制する法律の面から会計を捉えたもので，会社法，証券取引法，法人税法などの各法律・規則によって規制を受けている会計領域をいい，それぞれ，会社法会計，証券取引法会計，税務会計と称される。これらは，対象となる法律の趣旨から処理や報告形式が異なる面もあるが，会計処理の原則・手続としては，基本原則としての企業会計原則を採用しており，相互に関連性を

持っている。

税抜方式 tax excluded method ♦ 消費税の会計処理方法の1つ。消費税の会計処理には「税込方式」と「税抜方式」の2通りがあるが、損益計算に影響を及ぼさない税抜方式が会計上は望ましい。税込方式は消費税相当額を売上高や仕入高に含めて計上し、最終的な納付額が租税公課等の損益科目に含まれることとなる。他方、税抜方式は、受け取った消費税を「仮受消費税」、支払った消費税を「仮払消費税」として売上高や仕入高と別建て計上するため、損益計算に影響を与えない。決算においては、仮受消費税と仮払消費税を相殺した残額を「未払消費税等」または「未収消費税等」として貸借対照表に表示することになる。なお、税込方式か税抜方式かは財務諸表等規則において会計方針として注記することになっている。

税引前当期純利益 income before income taxes ♦ 法人税等の税金費用や法人税等調整額を加減算する前の当期純利益。損益計算書上、経常利益に特別損益を加減算したもの。連結損益計算書上、税金等調整前当期純利益と記載する。

製品 finished goods ♦ 企業の営業目的に関連する生産活動により製造した販売用の完成品。販売した分は売上高に対応する売上原価となる。残りは流動資産の棚卸資産に計上する。

製品原価 product cost ♦ 一定の製品に集計される原価。通常は製造原価を指すが、直接原価計算の場合には製造原価のうち変動部分を製品原価とし、固定部分を期間原価として扱う。

製品別原価計算 product cost accounting, product line costing ♦ 原価計算は、費目別、部門別、製品別の3段階について行われるが、製品別原価計算はその第3段階に当たり、原価を一定の製品単位に集計し、単位製品の製造原価を算定する手続をいう。製品別計算は、①単純総合原価計算、②等級別総合原価計算、③組別総合原価計算、④個別原価計算に

製品保証引当金 warranty reserve ♦ 製品販売後一定の期間内は無償で補修する契約等で，当該補修費用額を見積もり，設定する引当金。売上に対し発生する補修の程度や発生するコストの金額等により見積もる。税務上，製品保証引当金繰入額は損金算入が認められない。

税法基準 accounting on a tax basis ♦ 企業会計原則や会計基準ではなく，法人税で定められている方法で会計処理を行う場合に使う言葉。例えば，減価償却費の計算で使用する法定耐用年数，貸倒引当金の法定繰入率，貸倒損失の計上事由などがある。

税務調査 tax investigation ♦ 申告した税金が正しく計算されたものであるかを確かめるために行う国税庁や税務署の調査のこと。

税務調整 adjustment for taxable income ♦ →申告調整

積送品 inventories on consignment, consignments-out ♦ 販売を委託する際，先方へ送付した商品。棚卸資産のうちの1つ。

責任準備金 liability reserve ♦ 保険や年金の財政計算において将来の給付のために計算日時点で準備しておくべき資産のこと。責任準備金は適格退職年金制度では，給付原価（将来発生すると見込まれる給付額の現在価値）から標準掛金収入原価（将来見込まれる標準掛金収入の現在価値）を差し引いたものをいう。厚生年金基金制度では適格退職年金制度における責任準備金のことを数理債務という。退職給付会計では，簡便法として責任準備金を年金制度の退職給付債務とみなして処理することも容認している。しかし，退職給付債務と責任準備金は，その計算方法は異なるため，本来は別物である。

セグメント情報 segment information ♦ 事業別・地域別等に区分した単位ごとの情報。セグメントごとの情報を開示することで，多角化，国際化した企業集団の状況をより適切に

開示しようとするもの。連結財務諸表の注記事項とされ，有価証券報告書，半期報告書において作成が求められている。なお，開示が要求されている内容は，①事業の種類別セグメント情報（売上高，営業費用，営業損益，資産，減価償却費，資本的支出，中間連結財務諸表にあっては，資産，減価償却費，資本的支出は除く），②所在地別セグメント情報（売上高，営業費用，営業損益，資産，中間連結財務諸表にあっては，資産を除く），③海外売上高（海外売上高，連結売上高，連結売上高に占める海外売上高の割合）である。

設備資本 ♦ 資産の部を資本の運用面から見た場合の３つの区分の１つ。長期的な会社の収益獲得に貢献するもので有形固定資産，無形固定資産がある。設備資本のほかには，1年以内に現金化可能な流動資産である「運転資本」と，本業には直接貢献しないが長期的に会社の財務を支える有価証券や投資等の「投資資本」がある。

セール・アンド・リースバック取引 sale and lease back transaction ♦ 通常リース取引は，リース会社など（貸手）が取得した資産を借手に提供するものが一般的であるが，セール・アンド・リースバック取引では，借手になる側が取得した資産をいったんリース会社など（貸手）に売却して，その資産に対してリース契約を結ぶ。これにより，借手は資産の圧縮や売却による資金調達が可能となる効果がある。会計処理は通常のリース取引と同様であるが，違いは借手がリース会社など（貸手）に売却した際に生じる売却益の取扱いにある。まず，オペレーティング取引に該当すれば，売却益は発生した期に一時に計上することになるが，ファイナンスリース取引に当たる場合には売却益は一時に計上せずに繰り延べることになる。繰り延べられた売却益は減価償却費または支払リース料の割合に応じて計上する。ただし，売却によって損失となった場合には，繰り延べずに一時に計上する。なお，ファイナンスリース取引に該当するかどうかは，個別の事情，物件の汎用性，買戻しや再リースの可能性など

前期損益修正 prior period adjustments ♦ →特別損益

潜在株式 potential common stock ♦ 現在株式として存在しないが，株式を取得できる権利を付した証券ないし契約により将来的に株式となる可能性のあるもの。新株予約権付社債やストックオプション契約等がある。潜在株式が希薄化効果を有する場合，潜在株式調整後1株当たり当期純利益の開示が要求される。→希薄化効果

全部原価 full cost ♦ 一定の給付に対して生ずる全部の製造原価またはこれに販売費及び一般管理費を加えて集計した原価。

全部資本直入法 ♦ 有価証券のうち，その他有価証券に該当するものを期末に時価評価した場合の原則的処理で，評価差額の合計額を貸借対照表の純資産の部に計上する方法のこと。その他有価証券の時価評価差額の処理は全部資本直入法と部分資本直入法の2通りあるが，評価差額の処理方法は会計方針として注記され，変更する場合には会計方針の変更となる。株式や債券など有価証券の種類ごとにそれぞれの方法を区分して適用することができる。評価差額は直接純資産の部に計上されるが，税務上は時価評価されないため税効果を認識し，残額が純資産の部に計上される。評価差額は毎期洗い替えられる。

全面時価評価法 full fair value method ♦ →部分時価評価法

そ

総勘定元帳 general ledger ♦ すべての仕訳を，各勘定ごとに分類・集計した帳簿をいう。総勘定元帳においては，日付，相手勘定科目，金額，摘要等が記載されており，当該勘定の増減取引がすべて記載されることとなる。また，各勘定をさらに細目に分類して補助元帳が作成される場合もある。

操業度 capacity utilization ♦ 生産設備を一定とした場合に

おける設備の利用度。経営の活動状況を示し，活動能力の利用効率を表すとともに，原価計算において配賦計算に用いられる。直接作業時間，機械運転時間，生産数量などの適当な物量基準により表される。

操業度差異 capacity variance ♦ 製造間接費差異の1つ。基準操業度と実際操業度または標準操業度との差を原因とした固定費の配賦過不足を意味する差異である。

総合原価計算 process costing ♦ 同種の製品を連続的に生産する生産形態に適した原価計算方法。原価計算期間内に発生したすべての原価要素を集計し，当期の総製造費用を求め，これを完成品と期末仕掛品とに分割計算することで，完成品原価及び製品単位原価を計算する方法。生産形態に応じて，単純総合原価計算，等級別総合原価計算，組別総合原価計算に区分される。また，製造工程が複数に分かれている場合に，各工程別に計算を行う方法を特に，工程別総合原価計算という。

総合償却 composite-life method ♦ 複数の固定資産を一括して減価償却費を計算する方法。通常行われている個々の固定資産ごとに減価償却費を計算する方法を個別償却という。総合償却は一般的に耐用年数の異なる資産ごとにその性質または用途に共通性を有するために行われることがある。償却計算は，各固定資産ごとの要償却額の合計を定額法による単年度の償却費の合計で除して「平均耐用年数」を算出し，これを用いて行われる。

増資 increase of capital stock ♦ 会社の資本金を増加させること。代表例としては公募，第三者割当などの募集株式の発行による増資があるが，この他にも吸収合併や株式交換などにより資本金が増加する。また，新株の発行を伴わない増資として，剰余金の資本組入，法定準備金の資本組入，転換社債型新株予約権付社債の新株予約権の行使などが挙げられる。

総資産 total asset ♦ →総資本

総資本 total assets ♦ 貸借対照表の負債の部と純資産の部の合計。負債の部は借入資本または他人資本といわれ，純資産の部は自己資本といわれるが，これらを総称して総資本という。なお，貸借対照表の借方の合計額は総資産というが，総資産と総資本の額は一致する。総資本が資金調達の源泉に着目した場合の資本合計であるのに対し，総資産は，資金の運用の結果としての保有資産の合計である。

総平均法 weight average method ♦ 期首棚卸分と期中取得分の合計金額を合計数量で割り平均単価を算出して，棚卸資産の払出価格を計算する方法。

総報酬制 total remuneration system ♦ 平成15年4月から健康保険及び厚生年金において導入されているもので，それまでの保険料は，月例給与（標準報酬月額）を基準に賦課され，賞与については特別保険料として低い料率で徴収されていたが，現在では月例給与（標準報酬月額）と賞与（標準賞与額）を合わせた総報酬に対して同率で保険料を賦課されている。総報酬制導入に伴い，保険料率が大幅に引き下げられるとともに厚生年金では給付乗率も引き下げられている。なお，総報酬制導入は，会計上は賞与引当金または未払賞与の計上と密接に関連しており，期末において賞与引当金等の対象となる保険料相当額についても引当または未払計上することになる。

創立費 organization costs ♦ 設立に際し支出する費用（事務所の賃借料，定款・目論見書等の作成費用，設立事務に関係する費用等）のうち定款により会社負担を定めた額，発起人に対する報酬及び設立登記の登録税等を創立費（または創業費）という。旧商法では，創立費は繰延資産に計上でき，会社成立後5年以内に均等額以上を償却することとされていた。

測定経費 measuring expense ♦ 原価計算上，経費を計算する場合，消費量を計量機器によって測定することで算出される経費。電力料金，ガス料金，水道料金などがこれに当た

る。

組織再編税制 tax rules for free reorganization ♦ 合併や分割，現物出資，事後設立のときの企業組織再編に関する税制で，企業環境にあった柔軟な組織編制を促進するために譲渡損益の繰延を認めるなどの優遇措置がある。合併や分割などによって資産や負債は包括的に移転するが，その場合は時価によってそれらの譲渡がなされたとみなして課税することが法人税法上の取扱いである。しかし，法人税法において一定の要件に該当する場合には適格組織再編として時価ではなく，帳簿価額による譲渡とみなして課税を繰り延べることが認められている。適格組織再編は，①グループ内の組織再編と②共同事業化のための組織再編があり，それぞれ細かい要件が定められている。この要件に該当すると，引当金や準備金，繰越欠損金の引継ぎが認められる。①は親会社と子会社の間の再編で，独立した事業単位が移転していることや引き続き事業が継続されることを要件としている。②は企業グループ外との再編で，事業が関連していること，売上や従業員規模のバランスが取れていること，それぞれの役員が経営に参画することが要件となっている。

租税 tax, taxation ♦ 税金のこと。国や地方公共団体がサービスを行うために必要な経費を国民や住民から徴収するものである。租税は課税主体により国税と地方税に分けられ，国税には法人税などが，地方税には道府県民税や事業税などがある。また，納税義務者により法人税などの直接税と消費税などの間接税に分けられる。納税方法によっては，納税者が自ら納税額を申告して納税する申告納税方式と，課税主体が納税額を通知して徴収する賦課課税方式がある。

租税回避地 tax haven ♦ →タックスヘイブン

租税公課 tax and dues ♦ 企業が支払う各種の税金や公共的負担となる費用の総称。固定資産税，自動車税，印紙税や賦課金等の税金や公的負担となる費用を表す租税公課は，損益計算書や製造原価明細書に表示する。法人税，住民税（都道

府県民税,市町村民税),事業税(利益に関連する金額を課税標準として課される部分)は,損益計算書上,税引前当期純利益の次に控除項目として表示する。

租税特別措置法 special taxation measures law ♦ →租税特別措置法上の準備金

租税特別措置法上の準備金 reserve under the special taxation measures law ♦ 租税特別措置法とは政策的に設けられている時限立法で各種の税制上の優遇措置などが定められており,その中には将来の損失や新たな事業展開に備えるための準備金が認められている。法人税法における準備金には海外投資等損失準備金や特別修繕準備金等があるが,その計上には損金処理方式と利益処分方式がある。これらは,政策的に特別に認められた費用を繰り入れるものであり,費用収益の対応の観点から引当金に該当するものを除き会計上は利益処分方式を採用することになる。なお,準備金は青色申告の場合に認められている。

その他資本剰余金 other capital surplus, other additional paid-in capital ♦ 資本剰余金のうち,資本準備金や法律で定める準備金で資本準備金に準ずるもの以外の総称。具体的には「資本金及び資本準備金減少差益」や「自己株式処分差益」など。貸借対照表上,資本準備金の次に,「その他資本剰余金」として記載する。

その他有価証券 other marketable securities available-for-sale securities ♦ 金融商品会計における有価証券の保有目的による区分の1つで,売買目的有価証券,満期保有目的の債券,子会社株式及び関連会社株式以外の有価証券をいう。時価をもって貸借対照表価額とし,評価差額は洗い替え方式に基づき,次のいずれかの方法により処理する。①評価差額の合計額を純資産の部に計上する。②時価が取得原価を上回る銘柄に係る評価差額は純資産の部に計上し,時価が取得原価を下回る銘柄に係る評価差額は当期の損失として処理する。

その他有価証券評価差額金 net unrealized gain (loss) on securities ♦ その他有価証券を時価評価したことによる評価差額の表示上の科目で，純資産の部の「評価・換算差額等」の区分に表示される。税金の後払い分を繰延税金負債として控除した残額が，損益計算書を通さずに貸借対照表に直接計上される。

その他利益剰余金 ♦ 利益準備金以外の利益剰余金。

ソフトウェア software ♦ コンピュータを機能させるように指令を組み合わせて表現したプログラム等をいう。現行の会計基準では，ソフトウェア制作費のうち，研究開発に該当する部分は，研究開発費として費用処理され，研究開発費に該当しないソフトウェア制作費については，その目的に応じて，次のように区分される。①受注制作のソフトウェア制作費は，請負工事の会計処理に準じて処理される。②市場販売目的のソフトウェアである製品マスターの制作費は，機能維持に要した費用を除いて，資産として計上される。③自社利用のソフトウェアについては，その利用によって将来の収益獲得または費用削減が確実である場合には，資産計上される。

ソルベンシー・マージン solvency margin ♦ 支払余力を意味する。保険会社は将来の保険金の支払に備え責任準備金を積み立てており，想定内のリスクについては対応できる。しかし，大災害や経済環境の大きな変化など通常の予測を超えるリスクに対し，どれだけ支払余力があるかを示す指標をソルベンシー・マージン比率と呼ぶ。

損益計算書 income statement, statement of earnings, statement of operations ♦ 経営成績を明らかにするため，1会計期間に属するすべての収益と対応するすべての費用を記載して経常利益を表示し，これに特別損益項目を加減して当期純利益を表示するもの。企業会計原則では，損益計算書は営業損益計算，経常損益計算，純損益計算に区分され，それぞれ営業利益，経常利益，当期純利益を算出する。

損益取引 profit and loss transaction ♦ 資本増減取引, 剰余金の分配以外の利益剰余金の増減要因となる取引を総称したもの。いわば期間損益を増減させる要因となる取引のこと。企業会計では, 資本取引と損益取引は明確に区別することが必要とされている。これは, 株主からの拠出資本を分配可能額の計算に含めてはならないという資本充実・維持の要請と, 適正な期間損益計算という2つの要請から要求されるものである。

損益分岐点 break-even point ♦ 企業の損益の計算上, 損失と利益の分かれ目となる売上高をいう。損益分岐点を超えて販売すると利益が発生し, 反対に損益分岐点に達しない場合には損失となる。なお, 損益分岐点の計算式は, 次のようになる。

損益分岐点＝固定費÷（1－変動費／売上高）

損益法 profit and loss method ♦ 1会計期間の損益計算に当たり, 収益と費用との差し引きにより利益, 損失を算出する方法をいう。現在の損益計算は企業の収益性の表示が重視されており, 期間損益の原因が明確になることから, 損益法により計算されるが, 棚卸資産に係る実地棚卸法など財産法により補完される部分もある。

損金 tax-deductible charge ♦ 法人税法において税額を算定する基礎となる所得金額を構成するもので, 会計における費用に相当する。損金のほとんどは費用に一致するが, 費用であっても損金でないもの（損金不算入項目）や, 反対に費用ではないが損金となるもの（損金算入項目）がある。損金不算入項目には交際費や寄付金などがあり, 損金算入項目には繰越欠損金などがある。なお, 法人税の申告の際には, 申告調整により損金不算入項目については加算され, 損金算入項目については減算されることになる。

損金経理 recognizing as expense ♦ 確定した決算において損失または費用として経理処理することをいい, 法人税法においては, これを行わないで申告調整でのみ減算しても損金

として認められないものがある。例えば，減価償却費や使用人兼務役員の使用人分賞与，役員退職給与などは損金経理しなければ損金算入できない。

大会社 ♦ 会社法上の分類で，資本の額が5億円以上であるか，または最終の貸借対照表の負債の合計額が200億円以上である場合，当該株式会社を大会社という。会計監査人の設置が義務付けられる会社である。なお，旧商法のもとでは，大会社ではないが，資本の額が1億円以上である場合に，定款をもって会計監査人による監査が特例として認められていたが，会社法ではすべての大会社以外の会社において，会計監査人を設置することが可能となった。

代行部分 the substitutional portion of the employee's pension fund ♦ 厚生年金基金が国に代わって給付する厚生年金の報酬比例部分の一部のこと。もともと，厚生年金基金はこの代行部分を国に代わって負担し，さらに手厚い給付を行うことを目的として制度化されたもの。確定給付企業年金法の施行により代行部分の返上が認められたため，これを返上して，基金を解散するかまたは新しい企業年金へ移行する企業が増えている。

代行返上 transfer to the Japanese Government of the substitutional portion of the employee's pension fund liabilities ♦ 厚生年金基金の代行部分を国に返上すること。平成13年に公布された確定給付企業年金法により可能となった。年金資産は運用環境の悪化により積立不足となっており，また，企業環境の変化や業績の悪化による年金制度の見直しなどにより，退職給付会計の対象となっている代行部分を返上している。代行返上すると退職給付債務が消滅する。代行部分には将来分と過去分があり，将来分の返上が認められるとその分過勤務債務を認識し，過去分の返上が認められると退職給付債務と返還額相当額との差額及び代行部分に対応する未認識項目を一時の損益として認識する。さらに，実際の返還のときには返還相当額と実際の支払額の差額を一

時の損益として認識する。

貸借対照表 balance sheet, statement of financial condition, statement of financial position ♦ 財政状態を明らかにするため，貸借対照表日（決算日）のすべての資産，負債及び資本を記載し，株主，債権者その他の利害関係者に正しく開示する目的で作成する財務諸表の1つ。

貸借対照表能力 ♦ 資産性のあること。貸借対照表に計上してよい，ないしはすべき資産について，「貸借対照表能力がある」という。負債について用いられることもある。貸借対照表能力の有無は，その前提とする資産概念により異なる。今日の企業会計においては，法的な債権や財産のみならず，期間損益計算の結果生ずる前払費用や未収収益についても貸借対照表能力があるとされる。

対照勘定 per contrast account, contrast account ♦ 借方と貸方とが一対となって発生し，同一の金額により同じ取引を示す勘定を対照勘定という。損益には影響しないが，備忘記録として取引事実を帳簿に反映するために起票する。公表用の財務諸表では相殺して表示する。

退職確率 probability of retirement ♦ 退職給付債務等を計算するための計算基礎率の1つで，予想退職時における生存退職や死亡退職が発生する確率のこと。退職給付債務の計算過程において，将来に支給される退職給付の期待値である退職給付見込額を計算する際に用いられる。

退職給付会計 accounting for retirement benefit ♦ 決算日において会社に発生している従業員等に対する退職金等の支払義務と，これに関する年金資産等の積立不足の現状を明らかにして，会社の負担する退職給付に係る費用についての適正な会計処理を行う考え方及び基準等をいう。従前は，会社の多くは法人税法にしたがって退職給付にかかる引当金（退職給与引当金）を計上していたが，年金資産の運用利回りの低下や資産の含み損などにより，将来の退職給付に備えるための積立不足が指摘されるようになったため，平成12年4月1

日以後開始する事業年度から退職給付会計が適用されている。退職給付会計は，①退職一時金制度及び給付建の企業年金制度を会社が採用しており，②労働の対価としての性格を持ち，③債務を合理的に計算できる場合に適用される。特徴としては，将来に対する見積もりを行うために非常に複雑な計算を要することや，いわゆる「遅延認識」を認めていることが挙げられる。

退職給付債務 projected benefit obligation ♦ 退職金規程等に基づき，事業主は，従業員の退職時に退職金を支払う義務を負っている。この支払義務を一定の合理的な基準によって会計的に認識，測定したものをいう。退職給付とは，一定の期間にわたって労働を提供したことを根拠として従業員等に支給されるもので，退職給付債務は，いろいろな仮定を前提に，複雑な計算（数理計算）を行って算出する。そのため，実際の計算は信託銀行や生命保険会社に所属するアクチュアリーなどの専門家に委託するケースが多い。計算方法は，将来退職するときの給付を確率や統計の考え方により算定し，そのうち現時点（期末）までに発生している部分について現在価値に割り引くが，算定には次の4段階がある。①昇給率を用いて将来退職時（各年齢ごと）の退職給付額を予測する。②退職確率や死亡確率を用いて退職給付見込額を計算する。③適切な期間配分方法を適用して当期末までに発生していると認められる額を算定する。④割引率を用いて現在価値に割り引く。

退職給付信託 employee retirement benefit trust ♦ 退職給付のために設定する他益信託のこと。企業の保有する金銭や有価証券などの資産を信託の形で拠出し，この信託財産を退職給付の支払や年金制度の掛金の拠出に充てるもの。退職給付信託への拠出により次のような効果がある。①時価で評価され退職給付の積立不足の全部または一部が解消される。②信託資産は事業主から切り離されるため退職給付が確保できる。③保有有価証券を拠出した場合には時価変動リスクが緩

和でき，資産の圧縮が図れる。退職給付信託として認められるためには，退職金規程等により明確になっていること，退職給付に充てることが限定された他益信託であること，事業主から法的に分離されていること，事業主による資産の入替等ができないことなどが要件となっている。

退職給付引当金 accrued pension cost, accrued retirement benefits for employees, allowance for retirement benefits for employees ♦ 退職給付会計において，期末時点の退職給付債務から年金資産の時価を控除した金額（未積立退職給付債務）に未認識項目（過去勤務債務，数理計算上の差異，会計基準変更時差異の未償却額）を加減した場合に，貸方残高となったものを退職給付引当金という。退職給付の支払は長期にわたるため，貸借対照表の固定負債に計上される。なお，借方残高となったときは，「前払年金費用」として貸借対照表の投資その他の資産に計上される。

退職給付費用 retirement benefits cost ♦ 退職給付債務のうち，当期に発生した部分をいう。退職給付費用は，①勤務費用，②利息費用，③過去勤務債務，数理計算上の差異，会計基準変更時差異の当期償却額，④期待運用収益から構成されており，①から③の合計額から④を控除して算定する。退職給付債務は期末時点での数理計算により実績値を算定し，これをベースにして翌期1年間の退職給付費用があらかじめ算出される。

退職給与引当金 accrued employees retirement benefit, accrued severance indemnities ♦ 退職給付会計が導入されるまでは，退職一時金にかかる内部積立のみが引当の対象となっていたことからこのように呼ばれていた。退職給付会計では，一時金のみならず企業年金制度を含む退職に係る給付のすべての積立不足を対象としており，科目名も退職給付引当金となっている。

退職金 severance pay ♦ 退職を原因として支給される金銭などのこと。法律上の義務はないが，就業規則等により支給

することを定めた場合には，従業員に対する義務が発生し必ず支給しなければならなくなる。退職金の性格には①賃金の後払い説②功労報償説③老後保障説がある。退職金の制度は，企業内部で積み立てる一時金のほか，厚生年金基金，適格退職年金，新しい企業年金である確定給付型企業年金がある。また，確定拠出型年金を導入し，定年後の退職金を前払いとして毎月の拠出金に充て，運用は従業員の指図とする企業も増えている。

代用自己株式 ♦ 合併，株式交換，会社分割などの場合には，会社は新株を発行することとなるが，この新株の発行に代えて，その保有する自己株式を使用することができる。この場合の自己株式を代用自己株式という。

ダウンストリーム down stream ♦ →アップストリーム

他勘定振替高 transfer to other accounts ♦ 見本品や自家消費等売上以外の理由で製商品が減少する場合に製商品の勘定残高を減少させるための表示技術上の科目。売上原価の区分の中で，販売を要因とする金額と区別して表示する。

抱合せ株式 ♦ 吸収合併に際し，合併会社が保有している被合併会社の株式を抱合せ株式という。被合併会社は，合併により解散し消滅するため，当該株式も資産として計上できなくなる。親会社が子会社を吸収合併する場合，会計上は，合併による受入純資産と相殺し，差額は特別損益に計上する。

立会 observation of counting certain assets like inventories ♦ 被監査会社が行う特定資産の実物検査の現場に出席し，抜き取り検査を行うなどして，検査が所定の手続に準拠して行われていることを確かめ，主として当該資産の実在性を立証する監査技術。数量が多く，監査人が自ら検査することが困難な棚卸資産などに適用される。

タックスヘイブン tax haven ♦ 外国企業等に対して税制上の優遇措置をとっている国や地域のこと。日本の企業が一定の要件の子会社をタックスヘイブンに設立すると，現地の子会社の所得を日本の親会社の所得とみなして課税される。こ

れをタックスヘイブン税制といい、タックスヘイブン国などを利用した不当な税金逃れを防止するために設けられたものである。

立替金 advances paid ♦ 取引先や従業員等に対し支払を立て替えた際に用いる勘定科目。短期の金銭債権として流動資産に属する。

棚卸 inventory count ♦ 保有している棚卸資産について、数量を調べるとともに、品質が低下しているものがないか確認すること。決算において棚卸資産の金額を算定する上で必要であるとともに、在庫管理の一環としても重要である。棚卸資産は、移動や保管中に減少したり紛失する可能性があるため、帳簿数量と実際数量は必ずしも合致しない。また実際には品質が低下するなどして売れなくなっていることもある。そのため、棚卸の実施により、会社の資産としていくら計上してよいかを確認することが必要となる。

棚卸計算法 periodic inventory method ♦ →実地棚卸法

棚卸減耗 inventory shortage ♦ 棚卸資産について、保管したり運搬しているうちに滅失、破損、漏洩、紛失、蒸発、腐敗、変質などにより数量が減少すること。これによる帳簿残高との差額は、会計上、棚卸減耗損として扱い、通常生じる程度のものであれば製造原価、売上原価の内訳項目または販売費とし、異常なものについては営業外費用または特別損失として処理される。

棚卸資産 inventories ♦ 商品、製品、半製品、仕掛品、原材料、貯蔵品等の総称。評価方法として個別法、先入先出法、後入先出法、平均原価法等があり、採用した処理方法を会計方針として開示する。原価法による場合でも、帳簿価額よりも時価が著しく下落した場合は、回復する見込みがある場合を除き時価まで帳簿価額を切り下げ、評価損を営業外費用または特別損失に計上する。低価法による場合、時価が帳簿価額を下回る際に計上する評価損は、売上原価の内訳項目または営業外費用で処理する。平成18年7月5日に「棚卸資産の

評価に関する会計基準」が公表され，棚卸資産の収益性が低下している（期末の正味売却価額が取得原価を下回っている）場合には，簿価を切り下げることとなった。平成20年4月からの適用だが，早期適用も認められる。

他人資本 borrowed capital ◆ 会社の資金調達源泉を区分する場合に，自己資本と他人資本とに区分できる。他人資本とは，借入金，社債，買掛金などの負債のことであり，株主以外の第三者からの調達資本を指す。

単一性の原則 principle of single source ◆ 企業会計原則の一般原則の1つ。財務諸表は信頼しうる会計記録に基づき作成し，事実の真実な表示を歪めないことを規定している。実務の必要に応じ，財務諸表が多面的な目的により作成される場合でも，財務諸表は実質的に単一であることを要求した原則。

短期貸付金 short-term loan ◆ →貸付金

短期借入金 short-term borrowings ◆ 返済期限が1年以内の借入金。金融機関等から調達する資金繰り上の短期的な不足資金。

単元株制度 ◆ 定款で一定の数の株式を1単元の株式とする制度。株主の議決権は，1単元につき1個となり，1単元未満の株式については議決権は与えられない。また証券取引所では1単元が売買単位となる。単元数は一定の数とされるが，数が多すぎると株式の流動性が阻害されるなど株主の利益を損ねる恐れがあることから，1単元の株式数は1,000を超えることはできないとされる。なお，旧商法における端株制度は廃止され，会社法では単元株制度に一本化された。

単純総合原価計算 single process costing ◆ 同種の製品を連続生産している場合に適用される原価計算。単純総合原価計算は，総合原価計算の中で最も簡単な原価計算であり，1原価計算期間に発生した製造費用に期首仕掛品原価を加え，期末仕掛品原価を差し引いて完成品原価を算出し，完成品数量で割って単位原価を計算する。

担保 mortgage ◆ 金銭契約等で契約不履行の場合，債権者が担保提供された物を換価し，債務の弁済に充当するもの。質権，抵当権，根抵当権等がある。担保提供資産は自由に処分できないため，当該事実を利害関係者に明らかにする目的で，貸借対照表に注記する。

ち

知的財産権 intellectual property right; IPR ◆ 発明を保護する「特許権」や物品の形状等の考案を保護する「実用新案権」，商標やブランドを保護する「商標権」，文章・音楽・プログラムなどを保護する「著作権」など，特許法，実用新案法，意匠法，商法，商標法，著作権法などによって法的に保護されている権利をいう。現在，知的財産権は一般に公正妥当な会計ルールとしては確立していない。このため，企業価値の源泉が知的財産などの無形資産に移行してきているが，これらの資産のほとんどは貸借対照表に反映されておらず，株主や利害関係者がその内容や経済的価値を把握することは難しい。

地方税 local tax ◆ →租税

中間監査 semi-annual audit, half year audit ◆ 証券取引法に基づき会社が提出する中間財務諸表について，公認会計士または監査法人が実施する監査。中間監査は，中間監査基準に準拠して実施されるが，一部監査手続の省略などが認められており，年度監査に比べ保証の水準が低いとされる。

中間決算 semi-annual financial reporting ◆ 事業年度が1年である会社が，事業年度開始後6カ月間の経営成績，財政状態を報告するために行う決算。上場会社等において義務付けられている。年度決算とほぼ同様の手続がなされるが，一部簡便的な処理が容認されている。

中間財務諸表 interim financial statement ◆ 1年決算の会社が「証券取引法」に基づき半期報告書を作成する場合，会社

の状況を表すため記載する財務諸表で、中間損益計算書及び中間貸借対照表、中間株主資本等変動計算書、中間キャッシュ・フロー計算書からなり、中間会計期間に係る企業の財政状態、経営成績及びキャッシュ・フローの状況に関し、有用な情報を提供する。中間財務諸表は年度決算に適用する会計処理の原則及び手続に準拠して作成する。ただし、中間会計期間に係る企業の財政状態及び経営成績に関する利害関係者の判断を誤らせない限り、簡便な決算手続によることができる。中間財務諸表の捉え方については、予測主義と実績主義とがあるが、現行制度は実績主義をとっている。→予測主義

中間申告 interim return ◆ 法人税法では事業年度が6カ月を超える会社は6カ月を経過した日から2カ月以内に中間申告を行う必要がある。中間申告には、①前期の法人税額の6カ月分を申告する方法と、②仮決算により申告する方法がある。前年度に比べて業績が悪い場合には、②を採用するほうが得である。なお、確定申告では中間申告により納税した額との差額を納めることになるが、中間申告による申告額より少ない場合は還付される。

中間損益計算書 semi-annual(interim) income statement ◆ 中間決算時の損益計算書のこと。→中間財務諸表

中間貸借対照表 semi-annual(interim) balance sheet ◆ 中間決算時の貸借対照表のこと。→中間財務諸表

中間配当 interim dividend ◆ 会社法上、原則として、いつでも株主総会決議により剰余金の配当が可能であるが、取締役会設置会社については、定款の定めにより、事業年度の途中で1回に限り、取締役会決議をもって剰余金の配当をすることができる。これを中間配当という。手続は剰余金の配当に包括され、財源規制がなされているが、特に中間配当の場合の配当は金銭に限られている。

注記 note ◆ 財務諸表や計算書類の全体または一部につき、補足的説明のため、本表の外で記載する事項。重要な会計方

針，会計方針の変更，重要な後発事象，その他財政状態や経営成績を適切に判断するために必要となる事項がある。企業会計原則，会社計算規則，財務諸表等規則等の会計基準等に規定している。

注記表 ♦ 株式会社の財産及び損益の状況を示すために記載が求められる注記事項を記載する書類。会社法において，新たに独立の計算書類の1つとして整備されたもので，記載対象に応じて，個別注記表と連結注記表がある。会社計算規則によると，個別注記表の主な記載内容は，①継続企業の前提に関する注記，②重要な会計方針に係る事項に関する注記，③貸借対照表等に関する注記，④損益計算書に関する注記，⑤株主資本等変動計算書に関する注記，⑥税効果会計に関する注記，⑦リースにより使用する固定資産に関する注記，⑧関連当事者との取引に関する注記，⑨1株当たり情報に関する注記，⑩重要な後発事象に関する注記，⑪連結配当規制適用会社に関する注記，⑫その他の注記とされる。なお，会計監査人設置会社以外で，公開会社でない会社は，上記のうち，②，⑤，⑫のみの記載で足りるとされ，会計監査人設置会社以外で，公開会社の場合には，上記のうち①及び⑪の記載は省略することが認められている。また，連結注記表の主な記載内容は，①継続企業の前提に関する注記，②連結計算書類の作成のための基本となる重要な事項に関する注記，③貸借対照表等に関する注記，④連結株主資本等変動計算書に関する注記，⑤1株当たり情報に関する注記，⑥重要な後発事象に関する注記，⑦その他の注記とされる。

中古資産 used assets ♦ 外部から買ってきた新品でない資産のこと。中古資産は購入した時点ですでに新品に比べて劣化しているため，合理的に残りの耐用年数を見積もることが認められているが，手間が煩雑であるために簡便な方法も定められている。簡便な方法とは，すでに法定耐用年数を経過しているものについてはその法定耐用年数の20％の年数を，一部しか経過していないものは経過した年数の8割を法定耐

用年数から差し引いた年数を見積耐用年数として使用するもの。ただし，計算の結果，2年未満となった場合には見積耐用年数は2年となる。

超過収益力 excess earning power ♦ 平均を上回る利益獲得能力。同一の産業，業種を営んでいても，個々の企業により利益獲得能力は異なる。他の同種企業と比較した場合に，その平均を上回る利益獲得能力のことを指す。その源泉はブランドやノウハウ，技術など様々である。

長期貸付金 long-term loans ♦ →貸付金

長期借入金 long-term debt ♦ 返済期間が1年を超える借入金。長期性の資産（固定資産等）を購入する場合など，長期の資金需要に充てるため金融機関等から調達する資金。

長期性預金 long-term deposit ♦ 決算日の翌日から1年内に期限の到来しない預金。固定資産のうち「投資その他の資産」の区分に記載する。契約期間が1年超でも，1年内に期限が到来すれば流動資産の現金預金に含めて計上する。

長期前払費用 long-term prepaid expense ♦ 前払費用のうち貸借対照表日の翌日から1年を超えて費用となるもの。投資その他の資産に計上する。1年以内に費用化する金額を流動資産の前払費用に振り替えるが，金額僅少なら長期前払費用に含めて記載できる。

帳簿 books ♦ 会計の対象となる取引を記録するために使われるもので，仕訳帳や元帳などの総称。帳簿を分類すると原始簿，転記簿あるいは主要簿，補助簿などに分けられる。まず，原始簿は，会計の対象となる取引が最初に記録されるものであり，仕訳帳が該当する。当該仕訳帳から記録が転記されることから，総勘定元帳は転記簿に該当する。一方，主要簿は帳簿組織の中で重要なものであり，仕訳帳や元帳が分類される。補助元帳は総勘定元帳の各科目を細分化したものであり，補助的機能を有するため補助簿といわれる。現在は，1回の入力により自動的に総勘定元帳や補助簿に転記される電子帳簿を用いている会社も多い。

帳簿価額 book value ♦ 帳簿に記録された価額。簿価ともいう。時価と対比される概念である。

直接金融 direct financing ♦ 資金供給者（貸手）と資金需要者（借手）との間に銀行など金融機関を通さず，直接，資金を融通する方式。企業が株式や社債を発行して証券市場を通じてこれらを売却することで家計部門から直接に資金を調達する場合がこれに該当する。近年直接金融の比率が一層増加してきている。

直接減額方式 ♦ →圧縮記帳

直接原価計算 direct costing ♦ 原価を変動費，固定費に分類した上で，売上高から変動売上原価，変動販売費を差し引いて，限界利益を算出し，限界利益から固定製造間接費，固定販売費及び一般管理費を差し引いて営業利益を算出する形式により原価計算を行う方法。固定費は，短期的には回避不能費であるため，仮に営業利益がマイナスである投資についても，限界利益がプラスであるならば，固定費を回収する効果があり，投資を行わない場合に比べ営業利益を増加させる効果がある。直接原価計算では，そのような投資判断を行うための判断材料を提供することが可能となる。ただし，原価の変動費と固定費の分類に客観性が保てないという理由から，開示財務諸表としては求められていない。

直接税 direct tax ♦ →租税

直接費 direct cost ♦ 製品の生成や，販売に直接関連を持つことが明らかな原価。直接材料費，直接労務費，直接経費，直接販売費など。

貯蔵品 supplies ♦ 燃料，油，釘，包装材料その他事務用品等の消耗品，耐用年数1年未満または耐用年数1年以上で相当価額未満の工具，器具及び備品のうち，取得のときに経費または材料費として処理されなかったもの等で貯蔵中のもの。棚卸資産に含める。

つ

追加情報 additional information ♦ 財務諸表等規則等で規定する注記以外の情報。利害関係者が企業の財政状態や経営成績を適切に判断するために必要な事項につき追加的に記載するもの。例えば①会計上の見積もりの変更, ②会計処理の対象となる会計事象等の重要性が増したことに伴う本来の会計処理への変更, ③会計処理の対象となる新たな事実の発生に伴う新たな会計処理の採用, ④資産の使用・運用状況等の説明, 特殊な勘定科目の説明等がある。

追記情報 emphasis of matter ♦ 財務諸表や計算関係書類の表示に関して適正であると判断し, なおもその判断に関して説明を付す必要がある事項や財務諸表の記載について強調する必要がある事項を監査報告(書)で情報として追記するもの。具体的には, ①正当な理由による会計方針の変更, ②重要な偶発事象, ③重要な後発事象, ④開示書類内における監査対象である財務諸表とその他の記載事項との重要な相違, ⑤継続企業の前提に関する重要な疑義に関わる事項などが挙げられる。なお, 追記情報は, あくまで財務諸表に記載されている項目に限定され, そのうち特に説明または強調することが適当であると監査人が判断した事項であり, 監査意見には当たらないとされる。

通貨スワップ currency swap ♦ →スワップ取引

月割経費 expense allocated by month ♦ 原価計算上, 経費を計算する場合, 1年分あるいは6カ月分などのようにまとまって捉えられるものは, 月割額を算出し, それに基づいて原価計算期間の負担額とする。賃借料, 特許権使用料, 保険料などがこれに当たる。

積立金 appropriated retained earnings ♦ 剰余金の処分により, 会社内に積み立てられた利益剰余金のこと。具体的には, 会社法上, 積み立てることが義務付けられている利益準

備金と，会社の意思で積み立てた任意積立金とがある。後者の任意積立金のみをもって積立金という場合もある。

て

定額資金前渡制度 imprest system ◆ 1週間や1カ月における支払金額を見積もり，一定の金額を小口現金係に前もって渡し，期間経過後に実際支払金額の報告を受けた上で，当該金額だけ補充する方法。インプレストシステムともいう。資金管理の手法であり，一般的に支払のつど支給する随時支給方式よりも管理上優れているといわれている。

低価法 lower-of-cost-or-market method, cost-or-market-whichever-is lower method ◆ 取得原価と時価を比較し，低いほうの価額で評価する方法。比較する時価は，正味実現可能価額だが再調達原価も認められる。

ディスカウント・キャッシュ・フロー法 ◆ →DCF法

ディスクロージャー disclosure ◆ →ディスクローズ

ディスクロージャー制度 disclosure system ◆ →企業内容開示制度

ディスクローズ disclose ◆ 企業が事業内容，財務内容等を公開し，利害関係者（株主，投資家，債権者，取引先，金融機関等）が投資や取引に係る判断をする際必要な情報を提供すること。企業経営者は説明責任を果たすため当該情報を提供する必要がある。

訂正報告書 reissued report, refiled report ◆ 有価証券報告書等で，重要な虚偽記載があった場合，記載すべき重要な事項の記載が不十分もしくは記載漏れがあった場合に，内閣総理大臣に提出する報告書。

適格組織再編 tax qualified organizational restructuring ◆ 企業グループ内の組織再編ないし，共同事業を営むための組織再編であり，かつ一定の要件を満たす場合に，税務上，課税の繰延などの点でメリットがある。このような組織再編の

ことを，税務上「適格」組織再編という。平成13年度改正で成立した「企業再編税制」により制定された。

適格退職年金 tax qualified pension plan ♦ 企業年金の１つで，企業が退職年金の支給を目的として信託銀行や生命保険会社等と契約して社外に積み立て，従業員が退職すると契約先である金融機関から直接支給されるもの。法人税法施行令に定める適格要件を満たしているものであるが，確定給付企業年金法の施行に伴い，平成14年度以降の新規設立は認められず，現行の制度も平成24年３月までに廃止することが決まっている。そのため，他の確定給付企業年金や確定拠出年金等への移行が検討されている。

デットエクイティスワップ debt equity swap ♦ 債権者と債務者の事後の合意に基づき債権を株式に変換する取引で，債務者が財務的に困難な場合，債権者の合意を得た再建計画等の一環として行う場合が多い。取得した株式は時価で計上し，消滅した債権の帳簿価額と取得した株式の時価の差額は当期の損益として処理する。

デフォルト default ♦ 債務不履行となること。債券の発行先が利払いや元本の償還が不能となることや借入金の返済が不能となることをいう。

手元流動性 liquidity at hand ♦ 企業の所有する現金預金あるいは流動資産の有価証券を加えたものは，企業の短期支払能力を意味し，手元流動性といわれる。通常は，手元流動性を売上高で割った手元流動性比率として企業の財務の健全性を表す指標として用いられる。

デリバティブ取引 derivatives transaction ♦ 金融派生商品に係る取引。先物取引，先渡取引，オプション取引，スワップ取引及びこれらに類似する取引の総称。株式，債券，通貨，金利等の原資産から派生した商品。デリバティブ取引により生じる正味の債権及び債務は，時価を貸借対照表価額とし，評価差額は原則として当期の損益とする。ヘッジ手段としてデリバティブを利用する場合は，ヘッジ会計の要件を満

たす範囲で，時価評価に伴う評価差額を繰り延べることが可能である。

転換社債 convertible bonds ◆ 発行時は社債だが，その後株式に転換可能な社債券。転換請求期間内に新株予約権を行使すれば，社債を株券に転換できる。旧商法の平成13年改正で新株予約権付社債に分類された。→新株予約権付社債

伝票 slip ◆ 主に会計記録の対象となる取引について，取引の内容，金額，数量，相手先などの要点を記録し，伝達するための帳票。入金伝票，出金伝票，振替伝票など，仕訳を直接示すものから出荷伝票や，入庫伝票など多くの種類がある。

テンポラル法 temporal method ◆ 外貨建資産負債の換算基準の1つ。在外事業体の外貨建財務諸表を換算する場合，取得原価で評価している項目につき取引発生時の為替相場で換算し，時価で評価している項目につき決算時の為替相場を適用して換算を行う方法。外貨で測定している数値の属性を重視する考え方で属性法ともいう。

電話加入権 telephone rights ◆ 加入電話を引く権利をいう。税法上，非減価償却資産とされ，貸借対照表上も無形固定資産に計上する。売買や転売が可能で，質権設定が認められるため滞納時に差押対象になる。現在電話加入権廃止の是非が議論されており，この結果，資産価値がなくなる可能性がある。

と

当期業績主義 current operating performance theory ◆ 企業の損益計算は一定期間内の経常的な経営成績を表示すべきとする考え方で期間損益と非期間損益とを区別する。企業会計原則はかつて当期業績主義の見地に立ち，損益計算書の他に利益剰余金計算書を定めていたが，昭和49年の修正により，包括主義の立場へと転じ利益剰余金計算書を廃止した。

当期純損益 net income ◆ 税引前当期純利益から法人税，住

民税及び事業税，法人税等調整額を控除して計算する当期の最終損益。

当期未処分利益 unappropriated retained earnings ♦ 旧商法では，損益計算書上，当期純利益（当期純損失）に，①前期繰越利益または前期繰越損失，②目的積立金の目的に従った取崩額，③中間配当額，④中間配当に伴う利益準備金積立額を加減算した金額を当期未処分利益（当期未処理損失）とし，貸借対照表の資本の部の末尾にも記載することとしていた。株主総会の決議で処分が決議される前の利益という意味で未処分利益と呼ばれていた。会社法では「株主資本等変動計算書」の創設に伴い，損益計算書上は当期純利益金額までを表示し前期繰越利益以下の項目は不要となった。また，貸借対照表上は，「当期未処分利益」は「繰越利益剰余金」と呼ぶこととなった。なお，金額が負となる場合には，マイナス残高として表示する。

当期未処理損失 undisposed accumulated deficit ♦ →当期未処分利益

等級別総合原価計算 class cost system ♦ 同じ工程で同じ原材料を使って同種の製品を連続して生産しているが，その製品を，形，大きさ，品位などにより等級に区別する場合に適用される。等級別総合原価計算は，各等級製品について適当な等価係数を定め，１期間における完成品の総合原価または製造費用を等価係数に基づき各等級製品に按分して製品原価を計算する。

当座借越 bank over-draft ♦ 銀行と当座借越契約を結ぶことにより，当座預金残高を超えた引出しに銀行が応じてくれる。実態としては銀行からの短期の借入であり，決算書上は短期借入金として表示される。

当座資産 quick asset ♦ 現金や現金とすることが容易な資産。具体的には，現金，預金，受取手形，売掛金，短期の有価証券，短期貸付金など。

当座比率 quick ratio ♦ 当座資産を流動負債で割った比率。

流動負債に充てることができる当座資産がどの程度の割合で保有されているかにより，企業の財務の健全性を見る指標。100％を超えることが望ましいとされる。流動資産から棚卸資産などの即時の資金化が困難な要素を除くことによって，より現金化する確実性が高い当座資産と流動負債から，企業の短期支払能力を見るもの。

投資 investment ◆ 資金を投下すること。設備投資や在庫投資あるいは証券投資などがその例。会計上は流動資産に属さない有価証券，売買目的有価証券に該当しない関係会社株式，出資金，長期貸付金等を総称していう。

投資活動によるキャッシュ・フロー cash flows from investing activities ◆ キャッシュ・フロー計算書の表示区分の1つ。将来の利益獲得及び資金運用のために，どの程度の資金を支出し回収したかを示す区分。固定資産の取得による支出及び売却による収入，投資有価証券の取得による支出及び売却による収入などが記載される。

投資事業有限責任組合 ◆ 「投資事業有限責任組合契約に関する法律」に基づき組成する組合。投資事業組合（組合員たる投資家から資金を集め，投資先に資金を供給する組合）は主に民法上の組合が用いられてきたが，投資家保護を徹底し十分な資金を集めるため，組合員を有限責任とする同法を設けた。

投資信託 investment trust ◆ →信託

投資その他の資産 investments and other assets ◆ 「財務諸表等規則」及び「会社法」における，貸借対照表の資産の部の区分の1つ。短期的な項目である流動資産，事業目的のために使用する有形固定資産及び無形固定資産，繰延資産以外の資産。投資その他の資産に属する項目は次の通り。①関係会社の株式及び流動資産に属さない投資有価証券，②出資金，③長期貸付金，④破産更生債権等，⑤長期前払費用，⑥繰延税金資産のうち流動項目に関するもの以外のものなど。

投資損失引当金 allowance for investment losses ◆ 子会社

株式等の時価のない投資有価証券につき，①実質価額が帳簿価額より著しく低下していないものの実質価額がある程度低下した場合や，②実質価額が著しく低下したものの回復可能性があると判断し減損処理しなかった場合に健全性の観点から計上する引当金。税務上は当該引当金繰入額の損金算入は認められない。

投資不動産 investment property ♦ 賃貸収益を得る目的や価格上昇時の転売を目的として保有する土地建物。主たる営業目的で所有する本社ビルや工場，店舗等の土地や建物は，営業用不動産に区分する。土地建物の売買を営業目的とする建設会社，不動産会社が，主たる営業目的たる販売用に所有する土地建物も投資不動産から除外する。貸借対照表の「投資その他の資産」に区分し，減損会計基準に準拠して評価する。

投資有価証券 investments in securities, investment securities ♦ 関係会社株式，関係会社社債及びその他の関係会社有価証券以外の有価証券で，長期間にわたり保有する目的で所有する有価証券。投資その他の資産に計上する。

同族会社 family corporation ♦ 3人以下の株主（及び株主グループ）が資本金（出資金）の50％以上を占めている会社のこと。このような会社は，個人事業者のように株主が自由に操作する恐れがあるので，法人税法では同族会社に対して使用人兼務役員の範囲を制限したり，社内留保を多くすると税金を重くしたり（留保金課税）している。

特定金銭信託 specified money in trust ♦ →信託

特定子会社 ♦ 子会社のうち次のいずれかの子会社。①親会社に対する売上高または仕入高が，親会社の仕入高または売上高の10％以上，②純資産額が親会社の純資産額の30％以上，③資本金の額が親会社の資本金の額の10％以上。上場会社等で特定子会社の異動があった場合，臨時報告書の提出を要する。

特定目的会社 special purpose company ♦ 特別目的会社の

うち，資産の流動化に関する法律に規定する会社。

特別支配会社 ◆ ある株式会社が，他の株式会社の総株主の議決権の90％以上を有する場合，当該会社を特別支配会社という。会社法で導入された概念であり，事業の譲渡や譲受を行う場合，契約の相手方が特別支配会社であるときには原則として株主総会決議が不要とされている。

特別修繕引当金 reserve for special repairs ◆ 数年ごとに定期的に行う大規模修繕に備えて設定する引当金。将来の定期大規模修繕に要する費用を見積もり，当期に負担すべき金額を計上する。

特別償却 special depreciation ◆ 産業政策を目的に，減価償却費を特別に多く計上して税金を減らしてあげるなど，租税特別措置法上の特例的な償却方法のこと。①固定資産取得時に取得原価の一定割合を追加で償却するもの（狭義の特別償却，一時償却）や，②取得後のある期間内は通常の償却費に一定率割増するもの（割増償却）がある。ただし，会計上は，これらを損益計算書の減価償却費として処理することは正規の減価償却に反することになるので，利益処分方式を採用して申告調整することが求められる。①には中小企業者等の機械の特別償却，②には優良賃貸住宅の割増償却などがある。

特別損益 extraordinary profit and loss, special profit and loss ◆ 損益計算書に計上する利益や損失のうち特別，臨時のものを指す。企業会計原則では，①臨時損益（固定資産や投資有価証券の売却損益，災害による損失），②前期損益修正（過年度における引当金や減価償却の過不足修正額，棚卸資産評価の訂正額，償却済債権の取立額）を挙げている。

特別損失 extraordinary loss ◆ →特別損益

特別目的会社（SPC） special purpose company ◆ 原保有者の資産の譲渡を受け証券を発行する（特別の）目的のため設立する会社で，資産の流動化に関する法律第2条第4項に規定する特定目的会社のほか実質的に事業内容の変更が制限

される会社を含む。SPCを利用することで，一定の要件を満たせば不動産や金融商品の流動化が可能となり，連結の範囲から除かれる場合がある。一方，不正目的で利用され不良資産の存在が表面化しないリスクもある。

特別利益 extraordinary gain ◆ →特別損益

特例処理 special treatment ◆ →金利スワップの特例処理

土地再評価差額金 fair value gains (losses) on land revaluation, variance of land revaluation ◆ 「土地の再評価に関する法律」に基づき，大会社等が事業用土地につき時価評価を行うことに伴い計上する差額金。再評価した事業用土地の時価等と帳簿価額との差額から，再評価に係る繰延税金負債の額（または繰延税金資産の額）を控除して算定し，貸借対照表の純資産の部に「土地再評価差額金」の科目で計上する。同法に基づく再評価は，同法の施行日（平成10年3月31日）から施行日後4年を経過する日までの期間内の決算期に一度に限って認められる。

土地再評価法 ◆ 金融機関や上場会社等の会社が保有する事業用土地について一定の用件で時価評価することが認められた臨時の法律。正式名称は「土地の再評価に関する法律」で，平成10年に議員立法で成立し，平成13年までの時限立法であったが，その後1年延長された。土地の再評価は保有している事業用土地の全部に対して適用しなければならず，個々の土地を評価して合算する。再評価により生じた差額は，再評価差額金として税効果額を除いて貸借対照表の純資産の部に計上する。再評価差額金は自己株式の消却の原資にできるが，配当には使えない。これを適用した場合には貸借対照表に注記することが必要で，また，再評価後に含み損が生じた場合にはその注記が必要となるため毎期時価を算定する必要がある。固定資産の減損対象となる。

特許権 patent property, patent right ◆ 知的財産権の1つで，産業上利用できる発明を保護するための権利。特許権取得（登録を要する）により当該発明に係る独占権が認めら

れ，権利者に使用料を支払う。特許権の法的な有効期限は原則として20年だが特許の経済的価値は通常それより短い。税務上は耐用年数8年で償却できる。

突合 checking ♦ 会計帳簿または会計帳簿上の数値と他の会計帳簿または証憑等を突き合わせる監査技術。突合には，証憑突合，帳簿突合，計算突合がある。証憑突合は，証憑書類自体を吟味し，かつ証憑書類と会計帳簿とを突き合わせることにより，主として取引の実在性・帳簿記入の正確性を立証する監査技術である。帳簿突合は，会計帳簿同士を突き合わせることにより，主として帳簿記入の正確性を立証する監査技術である。計算突合は，会計帳簿上の数値と監査人の検算数値とを突き合わせることにより，主として計算の正確性を立証する監査技術である。

取替法 replacement method ♦ 各期において，部分的な取替えにかかった費用を減価償却の代わりに収益的支出として費用化する方法。減価償却ではない。この方法が適用できるのは，例えば，軌条（レール）や信号機，送電線などのように，同じような大型の部品が多数集まって全体を構成するもので，老朽した部分の取替えを繰り返すことで全体が維持されるような固定資産（取替資産という）である。

な

内国法人 domestic corporation ◆ 日本国内に本店または主たる事業所がある法人のこと。それ以外を外国法人という。内国法人は国内と海外の所得のすべて（全世界所得）が課税対象となる。

内部監査 internal audit ◆ 会社，団体などが内部統制組織の主要な一部として行う監査。組織内部に設置された内部監査部門等により実施され，会計監査のほかに業務監査，経営監査なども行う。通常，内部監査部門は経営者に直属の監査対象から独立した部署として設置され，内部の不正，誤謬の摘発や，他の部門の経営効率を評価し経営者に報告する。

内部統制組織 internal control system ◆ 経営者が内部統制を構築するために企業内部に設けた制度や手続の総称。内部統制組織は内部牽制や内部監査，会計組織，予算管理制度，原価管理制度などを含んでいる。

に

二重責任の原則 principle of dual responsibility ◆ 監査の上で問題となる原則であり，財務諸表の作成責任は経営者にあり，監査人はこれに対して表明した自己の意見について責任を負うとするもの。経営者と監査人との責任区分の原則である。また，企業内容開示制度の視点からは，適切な財務諸表を作成，開示するのは経営者の役割であり，一方，これについて適切であるとの保証を与えるのが監査人の役割であるため，役割区分の原則ともいえる。

二取引基準 two-transaction approach ◆ 外貨建取引と決済取引とを別々の取引とみなし会計処理する考え方。取引時の為替相場による換算額と決済時の為替相場による換算額との差額を為替差損益とする。

日本公認会計士協会 The Japanese Institute of Certified Public Accountant ♦ 日本における唯一の公認会計士の団体であり，公認会計士法で定める特殊法人である。公認会計士は，当該協会に加入することにより，はじめて公認会計士として業務を営むことができる。会員は，公認会計士及び外国公認会計士，監査法人で構成され，会計士補を準会員とする。なお，JICPAと略される。

日本版401K ♦ わが国における確定拠出型年金のこと。米国の内国歳入法401条（k）項に基づく確定拠出年金を参考にしたために，このように呼ばれている。米国のそれとの相違点の1つに，わが国の企業型の確定拠出年金では加入者の拠出が認められていない点がある。

任意積立金 voluntary reserve ♦ 株主総会の決議，定款，契約等に基づき設ける積立金。配当平均積立金，事業拡張積立金，減債積立金，自家保険積立金等のように目的を定めた積立金と，別途積立金のように目的を定めていないものとがある。任意積立金は目的通りに使用されるほか，資本の欠損填補に充てられる場合もある。目的を定めた積立金を目的通りに使う場合は取締役会の決議により取り崩せるが，目的を定めた積立金を目的外に使ったり，別途積立金を取り崩すには株主総会の承認を要する。

ね

年金 pension ♦ 毎年一定額を支払または受け取る仕組みまたはその金額をいう。わが国の年金は，①いわゆる社会保険と呼ばれる公的年金（国民年金，厚生年金等），②サラリーマンや公務員が加入する企業年金（厚生年金基金，適格退職年金，確定給付年金，確定拠出年金等），③私的年金（個人年金保険等）に分けられる。公的年金のうち国民年金はすべての国民が加入を義務付けられており1階建部分といわれ，厚生年金や共済年金はいわゆる2号被保険者が加入するもの

で2階建部分といわれる。私的年金は最近では金融商品として売上を伸ばしている個人年金保険や変額年金がある。この私的年金は、公的年金や企業年金を補う形で個人が任意で保険会社等と契約を結ぶものである。年金の給付原因には、老齢、障害、死亡があり、このうち死亡を原因とする給付は遺族に対して行われるもので、老齢及び障害を原因とする給付は本人が受け取れる。

年金資産 plan assets ♦ 企業年金制度に基づき退職給付に充てるために積み立てられている資産。退職給付の支払のためであっても企業年金制度に基づいていないものはこれに含まれない。期末の退職給付引当金を算定する際に退職給付債務から控除される年金資産の額は期末時点における公正な評価額（時価）で算定される。また、退職給付費用の算定の基礎となる期待運用収益は、期首の年金資産の額に期待運用収益率を乗じたものとなる。

年金数理人（アクチュアリー） actuary ♦ 年金や保険で統計学等を用いて保険料や責任準備金などの数理計算を行う専門家をいう。退職給付会計が導入されてからは、退職給付債務の計算にも数理計算を用いることになったため、活躍の機会が増えている。数理計算は、給付と掛金及び運用収益は均衡するという「収支相当の原則」や、ある一定数以上の母集団データがあれば一定の法則が見出せるという「大数の法則」を前提に、年金や保険の財政計算に用いられてきた。アクチュアリーとも呼ばれ信託銀行や保険会社に所属していることが多い。

の

納税充当金 reserve for tax ♦ 当期に確定した法人税、住民税、事業税のうち翌期に支払う金額で、通常、貸借対照表の未払法人税等と一致する。

能率差異 efficiency variance ♦ 製造間接費差異の1つ。標

準原価計算において,標準操業度と実際操業度の差を原因とする差異で,作業能率を表すとされる。

延払基準 defferd payment basis ♦ 法人税法に規定する収益計上基準のうちの1つ。長期割賦販売（3回以上分割して支払うもので,分割払い期間が2年以上であり,頭金が総額の2/3以下である場合）で,代金回収金額に見合う額を収益計上する方法。

のれん goodwill ♦ 企業が有する超過収益力の要因となるもののこと。つまりその企業が平均を上回る利益獲得能力を有する場合の要因のことをのれんという。具体的には顧客の信用を得ているブランド,店舗の立地条件,技術水準など企業に平均以上の利益をもたらすものをいう。広い意味で企業の財産であるが,これを資産として計上できるのは有償で譲り受け,または合併により取得したものに限られている。

ノンバンク nonbank ♦ 銀行とは異なり預金の受入れをせずに資金調達を行い融資を実行する会社をいう。リース会社,信販会社,消費者金融会社等がこれに含まれ,主に個人を相手に業務を行う。

ノンリコース・ローン nonrecourse loan ♦ 企業の信用力や保有資産ではなく,対象となる案件の収益力や将来キャッシュ・フローを評価して実行する融資のこと。対象資産の使用または売却によるキャッシュ・フローが返済資金となる。

は

売価還元原価法 ♦ →売価還元法

売価還元法 retail method ♦ 小売業，卸売業等で期末に棚卸資産の評価を行う際，棚卸資産の売価から取得原価を逆算して期末の価額を決める方法。売価表示の棚卸資産を取得原価に還元し原価率を算出して計算する。製造業でも製品，部品の数が膨大で払出しを単位原価で記録することが困難な場合に適用する。また，売価還元法には，売価還元原価法，売価還元低価法がある。売価還元法は小売卸売法，売価棚卸法とも呼ばれている。

売価棚卸法 ♦ →売価還元法

買収 acquisition ♦ 企業が他の会社の株式を取得したり，事業部などの事業の一部を譲り受け，支配権を獲得すること。子会社を100％子会社にする際のように友好的に行われることもあれば，乗っ取りといわれるように敵対的な買収もある。買収方法としては，TOBや事業譲受，株式交換などがある。

配当性向 payout ratio ♦ 1株当たり配当額を1株当たり当期純利益金額で割った比率。当期の利益に占める配当金の割合を示す指標。将来の投資やリスクに備えるために，利益を社内留保する傾向が強い企業では，配当性向は相対的に低くなる。

配当平均積立金 dividend equalization reserve ♦ 配当金に充てるために利益の一部を社内留保した積立金。必要な場合は株主総会の決議を経て配当平均積立金を取り崩して配当する。

売買目的有価証券 trading securities ♦ 金融商品会計における有価証券の保有目的による区分の1つで，時価の変動により利益を得ることを目的として保有する有価証券をいう。売買目的有価証券は，①短期間の価格変動により利益を得るこ

とを目的として保有し，②通常は同一銘柄に対して相当程度の反復的な購入と販売が行われるものであることから，いわゆるトレーディング目的の有価証券を指す。売買目的有価証券の会計処理は時価をもって貸借対照表価額とし，評価差額は当期の損益とする。

配賦 allocation ♦ 原価計算において，各部門で共通的に発生した原価をそれぞれの部門などに適切な基準によって，配分する手続をいう。一方，個別の部門などに直接的に原価が発生する場合に，原価を当該部門に集計する手続を賦課ないし直課という。配賦方法には，直接配賦法，階梯式配賦法，相互配賦法などがある。

ハイライト情報 selected financial data ♦ 有価証券報告書の，第1部「企業情報」第1「企業の概況」の「主要な経営指標等の推移」で記載する情報のこと。当期を含め過去5年間の財務データ並びに株価収益率や従業員数等を記載する。連結財務諸表作成会社は，連結ベースの記載が必要。

端株 odd-shares ♦ 旧商法において，株式併合や株式分割，合併などによる新株の発行により生じる1株の100分の1の整数倍に当たる端数を端株といい，これにつき一定の権利を与える制度を端株制度という。端株を有する者を端株主というが，端株主には残余財産請求権や定款で否定されない限り，配当請求権等の自益権が与えられる。単元株制度との併用はできない。なお，会社法では端株制度は廃止され，同法施行後に生じた端株は，一括して競売，売却ないし買い取ることにより代金を該当者に交付することとなる。

破産 bankruptcy ♦ 債権を弁済することができずに倒産状態に陥った会社などが，残余財産を債権者に公平に分配する手続のこと。清算型の法的手続であり破産法に基づいて行われ，裁判所の選任した管財人が中心となって執り行う。

破産更生債権等 bankruptcy and rehabilitation claim ♦ 金融商品会計における債権区分の1つで，経営破綻または実質的に経営破綻に陥っている債務者に対する債権のこと。経営

破綻に陥っている債務者とは，破産，清算，会社整理，会社更生，民事再生，銀行取引停止処分など，法的にも形式的にも破綻の事実が発生している債務者のことをいう。また，実質的に経営破綻に陥っている債務者とは，経営破綻の事実は発生していないが深刻な経営難の状態にあり再建の見通しがない状態にある債務者のことをいう。これら破産更生債権等については，翌期以降における回収額を見積もって，回収見積額を算出し，これを破産更生債権等の帳簿価額から差し引いて貸倒見積高を算出し，貸倒引当金を計上する。回収見積額には，担保がある場合の処分見込額や保証がある場合の回収見込額，清算配当等による回収可能額などが含まれる。

パーシャルプラン partial plan ◆ 標準原価計算において標準原価を勘定記入する方法の1つ。パーシャルプランは仕掛品勘定（または製造勘定）の借方に実際原価を，貸方に標準原価を記入する。このように，借方と貸方とが異なった基準によることからパーシャルと呼ばれる。具体的には，原価計算期末に完成品量と期末仕掛品の完成品換算量とを標準原価によって表す。これにより，標準原価差異を算出し，アウトプット法と呼ばれる。なお，パーシャルプランによると仕掛品勘定に実際原価が集計されるまで原価差額の認識が行えないため，シングルプランと比較して，標準原価差異の認識が遅れる。

破綻 bankruptcy ◆ 経営破綻ともいい，会社の経営が行き詰まり立ち行かなくなる状態をいう。破綻の種類には，破産，清算，会社整理，会社更生，民事再生，手形交換所の取引停止処分等がある。

パーチェス法 purchase method ◆ 企業結合における1つの会計処理方法。被結合企業から受け入れる資産及び負債の取得原価を，対価として交付する現金及び株式等の時価（公正価値）とする方法である。具体的には受け入れる資産及び負債を，それぞれの時価（公正価値）により評価し，投資額との差額をのれんとして認識する方法である。これは，企業結

合が，実質的にはある企業による新規の投資であると判断される場合に適合する会計処理である。

発行可能株式総数 ♦ 会社が発行することができる株式の総数のことであり，定款の記載事項である。会社設立時において，設立しようとする株式会社が公開会社の場合，授権株式数の4分の1以上を発行しなければならない。なお，公開会社の場合，授権株式数の範囲内であれば原則として取締役会の決議をもって新株の発行を行うことが可能である。

発行済株式総数 number of shares issued ♦ 会社がすでに発行している株式数。自己株式について控除前の株式数として定義されることもあれば，控除後の株式数として定義されることもある。

発生経費 accrued expense ♦ 原価計算上，経費を計算する場合に，あらかじめその額が予測できないために，実際に発生した額を経費とするもの。棚卸減耗費などがこれに当たる。

発生主義 accrual basis ♦ 費用，収益の認識基準の1つ。費用，収益を発生の事実に基づいて認識するものである。発生とは企業において経済的価値の増減が生じた状態をいい，例えば，実際の財貨・用役の費消や製品の製造過程における価値の増大を示す。つまり，現金の収入，支出の有無にとらわれずに費用，収益を認識する考え方である。今日の企業会計において，収益は原則として実現主義が採用されており，価値の増加が生じた時点ではなく，よりその獲得が確実になった時点で認識することとされている。つまり，発生主義よりも限定された認識基準が採用されている。一方，費用の認識については，原則として発生主義が採用されており，経過勘定や減価償却はこの考え方の表れである。

範囲区分 scope section ♦ 監査報告書において監査人が実施した監査の概要について説明する部分。監査基準によると，監査対象とした財務諸表の範囲，二重責任に関する記載事項，一般に公正妥当と認められる監査の基準に準拠して監査

を行ったこと，監査の結果として意見表明のための合理的な基礎を得たことなどが記載される。

半期報告書 semi-annual securities report ♦ 有価証券報告書提出会社のうち事業年度が1年の会社が，事業年度開始後6カ月間の経理の状況，事業の状況等を，当該期間経過後3カ月以内に内閣総理大臣に報告するため作成する書類。記載内容は，企業内容等の開示に関する内閣府令の第5号様式に定められ，①企業の概況，②事業の状況，③設備の状況，④提出会社の状況，⑤経理の状況等を記載する。有価証券報告書と比べ記載は簡略だが，⑤の経理の状況に含まれる中間連結財務諸表等，中間財務諸表等は有価証券報告書と同様，監査証明を要する。→中間財務諸表

半製品 semi-finished goods ♦ 製造工程からみて，複数工程あるうちの，最終の工程までは終了していないが，工程間にあるもので販売できる状態にあるもの。現に工程中にある仕掛品とは異なる。

販売費及び一般管理費 selling, general and administrative expenses; SGA ♦ 販売費は販売業務に付随して生じた費用で，販売手数料，荷造費，運搬費，広告宣伝費，見本費，保管費，納入試験費のほか，販売部門に従事する役員，従業員の給料，賃金，手当や交際費，旅費等の総称をいう。一般管理費は，主として一般管理業務部門の役員・従業員の給料，賃金，手当のほか，交通費，通信費，交際費，光熱費，消耗品費，租税公課，減価償却費，修繕費，保険料，不動産賃借料等の総称をいう。損益計算書上は，売上総利益（損失）から販売費及び一般管理費を差し引き営業利益（損失）を計算する。

ひ

非課税取引 non-taxable transactions ♦ 消費税の対象となる取引のうち，取引の性格から課税対象としてなじまないも

のや社会政策的な配慮から課税することが適当でないものをいい，消費税を課さないようにしている。例えば，土地の譲渡や貸付，利子，保証料，保険料，出産費用，住宅の貸付などがある。

引当金 reserve, allowance, provision ♦ 将来の支出や損失で，当期以前の事象に起因して発生し，発生の可能性が高く，かつ，金額を合理的に見積もることができる場合に計上する貸方項目。期間損益を適正に算定する目的で計上する。企業会計原則注解18では製品保証引当金，売上割戻引当金，返品調整引当金，賞与引当金，工事補償引当金，退職給付引当金，修繕引当金，特別修繕引当金，債務保証損失引当金，損害補償損失引当金，貸倒引当金を例示している。

引当金明細表 schedule of allowances ♦ →附属明細表

引渡基準 delivery basis ♦ 商品等の資産を買い手に引き渡した時点で，収益を計上する方法。先方の意思確認が不要で把握が容易だが，先方の受領の意思が不明確になる。

非原価項目 noncost item ♦ 原価計算制度において原価に算入しない項目であり，おおむね次のような項目が挙げられている。①経営目的に関連しない価値の減少であり，未稼働の固定資産の減価償却費，寄付金などで経営目的に関連しない支出，支払利息など，②異常な状態を原因とする価値の減少であり，異常な仕損，火災，偶発債務損失など，③税法上，特に認められている損金算入項目であり，租税特別措置法による償却額のうち通常の償却範囲額を超える額など，④その他の利益剰余金に課する項目であり，法人税や配当金など。

1株当たり純資産 book value per share ♦ 純資産を発行済株式数で割った比率で，企業価値の1つの指標である。

1株当たり当期純利益（当期純損失） earning per share; EPS ♦ 普通株式に係る当期純利益を普通株式の期中平均株式数で除した値で，投資価値の判断等に利用する。会社法上，損益計算書の注記事項になり，有価証券報告書等ではハイライト情報，注記事項として開示する。普通株式に係る当

期純利益は，損益計算書上の当期純利益から，剰余金の配当に関連する項目で普通株主に帰属しない金額を控除して算定する。

備忘勘定 memorandum account ♦ 会社の資産として存在することを示すために会計帳簿の形式を整える上で設けられている勘定。

費目別原価計算 item cost accounting ♦ 原価計算は，費目別，部門別，製品別の3段階について行われるが，費目別原価計算はその第1段階に当たり，原価の実際発生額を材料費，労務費，経費などの費目別に分類して計算する手続をいう。

費用 cost ♦ 会計上の費用とは，利益を獲得するための経済的犠牲であり，利益計算において収益から控除されるものである。具体的には売上原価，人件費，賃借料，支払利息等をいう。今日の企業会計において，原則として費用の認識は発生主義によっている。すなわち財貨・用役の費消などの経済的価値の減少をもって費用を認識することとなる。

評価性引当金 valuation reserve ♦ 貸倒引当金等，資産の額を修正し，その分だけ控除するもので，評価勘定でもある。当該資産が将来減額される可能性が高く，金額を合理的に見積もることができ，発生が当期以前に起因する場合に計上する。→間接控除形式

費用収益対応の原則 principle of matching cost with revenue ♦ 一定の会計期間に対応するすべての収益とこれに対応するすべての費用を計上して利益を計算するという期間損益計算を行う上での基準となる原則。発生主義に基づき認識する費用と，実現主義に基づき認識する収益とで期間的なずれが生じる。この収益と費用のずれを調整し，一定の会計期間に属するすべての収益と対応するすべての費用を計上して利益を適正に算出するための基本原則。費用収益の対応方法としては，個別的対応と期間的対応がある。商品販売を例にとると，売上とその仕入原価の対応が個別的対応であり，

販売費は売上と期間的に対応するものである。

標準原価 standard cost ♦ 原価要素の消費量について科学的, 統計的調査に基づく達成可能な目標をあげ, 価格について予定価格, 正常価格をもって計算した原価。標準原価は, ①原価管理を効果的にする, ②真実の原価として棚卸資産価額, 売上原価の算定の基礎となる, ③予算, 特に見積財務諸表作成に役立つ, ④勘定組織に活用して記帳を簡略・迅速化する, などの目的で使われる。標準原価の種類としては, 理想的標準原価, 現実的標準原価, 正常原価, 予定原価などがあるが, 制度上は, 現実的標準原価または正常原価が標準原価として認められている。

標準原価計算 standard cost accounting ♦ 標準原価に基づく原価計算で, 手続が簡素化され速くなるとともに, 原価管理のための情報の提供, 予算作成のための原価の算定, 財務諸表作成のための原価の入手といった役割も果たすとされる。

費用性資産 ♦ 将来, 収益に対応して費用化されることを予定している資産。具体的には, 棚卸資産, 前渡金, 固定資産のうち償却性資産などをいう。これに対し, 将来現金で回収されることを予定している資産を貨幣性資産という。

費用配分の原則 principles of cost allocation ♦ 資産の取得原価のうち, 当期に費消した部分につき当期の費用として処理し, 費消していない部分を次期以降の費用として配分するため資産として繰り越す考え方。有形固定資産の減価償却や, 棚卸資産の払出原価の算定手続も費用配分の原則によるもの。

比例連結 proportionate consolidation ♦ 子会社等の貸借対照表及び損益計算書の各項目を持分比率に応じて連結する方法を比例連結という。一方, 持分比率に応じることなく子会社の貸借対照表及び損益計算書をもとに連結する方法を全部連結といい, 現行の連結財務諸表は全部連結の方法によっている。

ファイナンスリース finance lease ♦ リース取引のうち，中途解約が不能（ノンキャンセラブル）で，かつ，ユーザーがすべてのコストを負担するもの（フルペイアウト）をファイナンスリースという。リース期間が終了するまではリース契約を解約できないか，解約する際に多額の違約金の支払を伴うことになっていることをノンキャンセラブルという。また，リース資産を使用することによる便益のすべてを享受するとともに，物件の取得価額及び金利，税金，保険料等の維持管理費用から陳腐化によるリスク等のほとんどすべてのコストをユーザーが負担することをフルペイアウトという。ファイナンスリースは，「所有権移転」と「所有権移転外」に区分される。リース中途またはリース終了後にリース会社からユーザーへ所有権が移転するものを所有権移転ファイナンスリースという。具体的には，契約において，①所有権移転条項がある場合，②割安購入選択権がありその行使が確実である場合，③リース物件がユーザー用に特別仕様となっている場合等がこれに該当する。この場合には，リース資産について通常の売買と同様の処理（売買処理）を行う。他方，所有権が移転しないリース取引については，それがファイナンスリース取引に該当するかについて，その経済的実態を考慮して判断する必要があるが，①リース料総額の現在価値が借手の見積購入価額の90％以上の場合か，②解約不能なリース期間がリース物件の経済的耐用年数の75％以上の場合には，所有権移転外ファイナンスリースとなる。この場合には，上記所有権移転ファイナンスリースと同様に売買処理を行うことが原則であるが，支払リース料を費用計上する処理（賃貸借処理）も例外的に認められている。なお，平成18年7月5日に企業会計基準委員会から試案として「リース取引に関する会計基準（案）」及び「リース取引に関する会計基

準の適用指針」が公表され，例外処理（賃貸借処理）の廃止が提示された。

ファクタリング factoring ♦ 売上債権を買い取る業務。売上債権を持つ場合，これを買取業者に売却することで，通常の回収サイトより早期に資金化が可能となる。これにより貸倒リスクを軽減するとともに，売上債権のオフバランスが早まり資産のスリム化を実現する。

ファームバンキング firm banking ♦ 企業がパソコンを用いて，通信回線で銀行に接続することにより各種のサービスを受けること。これにより，そのつど銀行へ足を運ばなくても，オフィスにいながら口座振込や給与支払，残高照会，入出金明細照会等が可能となった。

ファンド fund ♦ 基金や資本を意味する。投資顧問会社等が投資家からの委託に基づき資金を運用する投資信託等の形態による金融商品を指すことが多い。他にも，金銭信託，商品ファンド，組合やパートナーシップ等の形態がある。

付加価値 added value ♦ 企業が経営活動によって新しく加えた価値。企業外部から仕入れた原材料や部品などを加工して製品を生産する生産活動について見ると，原材料を製品とし販売するために加えられた価値が付加価値である。したがって，付加価値は，売上高から原材料等の購入原価を差し引くことで求められる。なお，計算上，付加価値を求める場合には，最終の利益に，税金費用，利息費用，人件費，固定資産の減価償却費，賃借料などを加えて求める場合が多いが，これは，付加価値を分配の側面から捉えたものである。

付加価値割 value added tax portion (of business tax) ♦
→外形標準課税

不課税取引 untaxed transaction (for consumption tax) ♦
消費税の課税取引に該当しないもの。ポイントは①国外で行われる取引，②事業として行われていない取引，③対価性を有しない取引でこれらのうち1つでも該当すると不課税取引として消費税の課税対象とならない。寄付金などは対価性が

ないため対象とならないが、代物弁済や交換、個人事業者の家事消費などは取引が擬制されているため課税対象となる。

複合金融商品 combined financial instruments ♦ 複数の金融商品を組み合わせた金融商品。新株予約権付社債など払込資本を増加させる可能性のあるものが知られている。ほかに金利オプション付借入金など現物の資産、負債とデリバティブ取引を組み合わせたもの（組込デリバティブ）や複数のデリバティブ取引を組み合わせたゼロ・コスト・オプションなどの例がある。会計処理は、構成要素のそれぞれを別々に分ける区分処理と、一体として行う処理がある。

複合費 mixed expense ♦ 原価計算上、経費計算に当たり、特定の目的のもと、まとめて処理する費用で、本来の経費のほか、一部の材料費、労務費等も含めて計算・集計する。動力費、用水費、修繕費、運搬費、検査費、試験研究費、従業員募集費、訓練費等がその例。小規模企業で部門別計算の代わりに使う。

副産物 by-product ♦ 同じ製造工程で、同一の原材料から異なった生産物が得られる場合に、重要性や価値の低いものを副産物という。これに対して重要度や価値の高いものが主産物である。原価計算上、副産物の価額は製造原価から差し引かれる。

複式簿記 double-entry bookkeeping ♦ 簿記には単式簿記と複式簿記の2種類がある。単式簿記が家計簿のように、現金の増減の結果だけを示すものであるのに対し、複式簿記は1つの取引を原因と結果の2つの側面から捉え、これを帳簿に記録するものである。例えば、単に現金が増加した場合であっても、売上によるものか、貸付金が返済されたものかなど、その原因もわかるように記帳する方法である。借方、貸方を用いた仕訳により取引を記録する。

複数事業主制度 multi-employer plan ♦ 複数の事業主が共同で企業年金制度を設立したもの。厚生年金基金の連合型や総合型、適格退職年金の共同委託契約や結合契約などがこれに

該当する。複数事業主制度では1つの企業体とみなして年金財政計算を行い，また年金資産についても一括管理されている。そのため退職給付会計の適用に当たっては，退職給付債務や年金資産を各事業主ごとに把握しなければならない。年金資産については，合理的に按分できる場合には退職給付債務の比率や年金財政計算における数理債務の額などにより自社の負担分を計算する。合理的に計算できない場合は，要拠出額を退職給付費用として処理する。

含み資産 ◆ 企業が保有する資産の市場における価値が，帳簿上の価格を上回っている場合に「含み」を持つといい，こうした資産を含み資産という。現代の企業会計は原則として取得原価主義によっており，取得後に資産価値が増加した場合でも，取得原価を継続する。ただし，金融商品会計基準の導入により，有価証券については時価評価が導入されたため，現在の含み資産の典型例としては，土地などの固定資産が挙げられる。

含み損益 ◆ 企業が有する資産の市場価値が帳簿上の価額を上回っている場合，含み益があるといい，一方，下回っている場合，含み損があるという。現代の企業会計は原則として取得原価主義によっており，取得後に資産価値が増減した場合でも，取得原価を継続するため，含み損益が生ずる余地がある。なお時価評価がなされる金融資産などについては含み損益はない。

福利厚生費 welfare expense ◆ 従業員の保険，医療，慰安，教養等のために支出する費用。社会保険（健康保険，厚生年金保険，雇用保険等）の事業者負担分を法定福利費という。

負債 liability ◆ 借入金，支払手形，買掛金，社債など企業が負担している債務または義務のことで，将来資産を減少させることになる，経済的な負担のことをいう。

負債性引当金 provision as a liability ◆ 製品保証，売上割戻，景品費，返品調整，賞与，工事補償，退職給付などに係

る引当金をいう。将来，確実に支出し，原因となる事実がすでに発生しており，支出額を合理的に見積もることができる費用に係る引当金。

附属明細書 supplementary schedules ♦ 会社法の規定に基づいて，株式会社において作成が義務付けられている書類で，計算書類に係る附属明細書と，事業報告の附属明細書がある。計算書類や事業報告の記載を補足するものとして作成される。会社計算規則では，計算書類に係る附属明細書の記載内容が次のように定められている。①有形固定資産及び無形固定資産の明細，②引当金の明細，③販売費及び一般管理費の明細，④会計監査人設置会社において，関連当事者との取引に係る注記の内容を一部省略した場合における省略した事項。会計監査人設置会社にあっては，附属明細書は，会計監査人の監査を受けなければならない。事業報告の附属明細書は，会社法施行規則に①他の会社の業務執行取締役等を兼ねる会社役員についての兼務の状況の明細，②第三者との間の取引であって，株式会社と会社役員または支配株主との利益が相反するものの明細，③その他の記載を定めている。

附属明細表 schedule of financial statement ♦ 財務諸表等規則上の財務諸表の１つで，貸借対照表の主要項目に関する増減明細表。附属明細表の種類には，①有価証券明細表，②有形固定資産等明細表，③社債明細表，④借入金等明細表，⑤引当金明細表がある。なお，株主資本等変動計算書が作成されることとなったため，従来は附属明細表に含まれていた資本金等明細表は不要となった。

普通償却 ♦ 固定資産における通常の減価償却のこと。特別償却に対するもので，税務において一般に用いられている。

普通法人 ordinary corporation ♦ →法人税

ブックビルディング方式 book building method ♦ 企業の新規公開時に，株式の発行価格を決定する方式の１つ。他に入札方式がある。ブックビルディング方式では，仮条件という暫定的な価格帯を決定し，そのもとで投資家の需要動向か

ら発行価格を決定する。

物質的減価 ♦ →減価

船積基準 free on board ♦ 輸出取引で製商品等を販売する場合に船積日に収益を計上する方法。輸出取引では所有権やリスク負担は船積み後は売主から買主へ移転するため，船積み時に収益が実現するとの考え方によるもの。

部分原価 partial cost ♦ 一定の給付に対して生ずる製造原価または販売費及び一般管理費の一部分のみを集計した原価。直接原価などがこれに該当する。

部分時価評価法 partial fair value method ♦ 連結財務諸表を作成する際には，資本連結手続において，子会社の支配獲得時に子会社の資産及び負債を時価で評価する必要があるが，この時価評価の方法には部分時価評価法と全面時価評価法がある。部分時価評価法では，時価評価の対象となる子会社の資産及び負債は，親会社の持分相当に限定され，少数株主持分に相当する部分は，子会社の個別財務諸表上の金額となる。一方，全面時価評価法では，支配獲得時の子会社の資産及び負債のすべてが時価により評価される。

部分資本直入法 ♦ その他有価証券の評価差額の処理方法で，時価が帳簿価額を上回る銘柄については純資産の部に計上し，下回る銘柄については当期の損益とする方法のこと。→全部資本直入法

部門別原価計算 departmental costing ♦ 原価計算は，費目別，部門別，製品別の3段階について行われるが，部門別原価計算はその第2段階に当たり，費目別計算で得られた原価要素を原価部門別に分類集計する手続をいう。部門別計算において，直接費は仕掛品勘定に直接集計されるが，製造間接費については，部門個別費と部門共通費に分けられ，それぞれ別の計算過程をとることになる。部門個別費は，原価部門について直接に関係して発生した原価であり，その発生した部門に賦課される。一方，部門共通費は複数の部門に共通して発生した原価であり，部門に直接賦課できないため，適当

な配賦基準により関連する各部門に配賦する。この手続を第1次配賦といい，製造間接費が，製造部門と補助部門にそれぞれ配分されたことになる。続いて第2次配賦手続において，補助部門に配分された原価は製造部門に配賦されることとなる。なお，補助部門費の配賦方法としては，直接配賦法，相互配賦法，階梯式配賦法などがある。

振当処理 ♦ 外貨建金銭債権債務につき，為替予約等により円建ての決済金額を固定させた場合に，当該円貨額で換算する方法。予約レートと直物為替相場による換算額との差額は予約締結日から決済日までの期間に配分する。外貨建金銭債権債務を確定した予約レートで換算した場合に生じた換算差額のうち，直直差額を予約時の損益として計上し，直先差額を決済時までの期間に配分する。

フリー・キャッシュ・フロー free cash flow ♦ 企業が生み出すキャッシュのうち，使途が制限されずに，自由に使うことが可能なもの。営業活動によるキャッシュ・フローから現在の事業維持のために必要となる設備投資のキャッシュ・フローを引いたものとして計算されることが多い。

不良債権 bad debt ♦ 貸倒懸念債権や破産更生債権など，相手先の財政状態の悪化などにより，債権金額の全部ないし一部について，回収できない可能性が高い債権をいう。このような債権について，会計上は，回収不能と見積もられる部分について個々の債権ごとに貸倒引当金を設定することとなる。

不良資産 bad assets ♦ 回収可能性に問題のある債権や販売見込みのない在庫，使途がなく含み損を抱えた遊休状態の固定資産等，将来の現金化が困難ないし見込んだ現金収入が得られない状態にある資産をいう。わが国金融機関の不良債権は，平成15年に日本の金融システムと金融行政に対する信頼回復を目的とした政府の方針（金融再生プログラム）に基づき，必要な手当てを行い大幅に削減された。

プロダクトコスト product cost ♦ 製品原価。一定単位の製

品に集計される原価であり，期間原価に対する概念。通常は製造原価を指す。

不渡手形 dishonored notes ♦ 手形の振出元の資金繰りの悪化などによって，手形の引受や支払を拒絶され，手形の期日通りに手形代金が回収できなかった場合に，手形は不渡手形となる。不渡手形の所持者は，直前の裏書人や振出人に対して手形金額のほか満期日以降の法定利息，拒絶証書作成などの諸費用を合計した金額を請求することになる。受取手形勘定とは区別して不渡手形勘定等で記録する。

粉飾決算 window dressing ♦ 会社が決算に当たり，実際の利益よりも多額な利益を計上し，または実際の損失よりも過小な損失しか計上せず，経営状態をより良くみせかけること。架空利益，架空資産の計上や，業績不振子会社の連結はずしなど，その手法は多岐にわたる。逆に実際よりも利益を過小に計算することを逆粉飾という。適切な決算書を作成する責任は経営者にあり，したがって粉飾決算または逆粉飾を行い，故意に会社に損害を与えた経営者は，会社法上の特別背任罪等に問われる可能性がある。また，上場企業が粉飾決算を行った場合，上場廃止などの罰則がある。

分析的手続 analytical procedure ♦ 財務データ相互間または財務データ以外のデータと財務データとの間に存在する関係を利用して推定値を算出し，推定値と財務情報を比較することによって財務情報を検討する監査手続。推定値には，金額のほか，比率，傾向等が含まれる。大局的に異常を識別するのに有用な手続とされる。

分配可能額 surplus available for dividend ♦ 株式会社が，剰余金の配当をする場合の限度額。最終の貸借対照表上の留保利益等から最終の貸借対照表上の自己株式の価額等及び当期に分配した金銭等の価額（現に金銭等の分配または自己株式の取得をした価額）を控除して算定される。なお，会社法では，会社の純資産額が300万円を下回る場合，剰余金の配当を行うことはできないとされている。

分離型新株引受権付社債 bonds with detachable warrants
♦ →新株予約権付社債

へ

ペイオフ ♦ 金融機関が破綻した場合，預金のうち一定額についてのみ保護すること（狭義には預金者に保険金を直接支払うこと）をいう。ペイオフ解禁に伴い，金融機関が破綻した場合，当座預金や利息の付かない普通預金は決済用として全額保護され，定期預金や通常の普通預金等は1つの金融機関につき元本1,000万円までとその利息が保護される。

平均残存勤務期間 average remaining service period ♦ 従業員が期末日から退職するまでの勤務期間の平均のこと。退職給付会計において，数理計算上の差異や過去勤務債務などの償却年数の基準となる。償却については，平均残存勤務期間内の一定の年数で償却することになっているため，①一時に償却する方法，②平均残存勤務期間で償却する方法，③平均残存勤務期間より短い任意の期間で償却する方法，がある。これら償却方法を変更する場合や年数を変更する場合には会計処理の変更となる場合もあるため注意が必要である。なお，平均残存勤務期間は，退職率や死亡率を加味した年金数理計算上の脱退残存表をもとに各年齢における残存勤務期間を求め，年齢別の加入員数で加重平均して算出する。実務では簡便的に標準的な退職年齢から期末日の平均年齢を控除して算定する方法も認められる。平均残存勤務期間は毎期末に算定するが，大きな変動がない場合は直近時点で算定したものを用いることもできる。

平均法 average cost method ♦ →移動平均法，総平均法

米国財務会計基準審議会（FASB） Financial Accounting Standards Board ♦ →FASB

ヘッジ会計 hedge accounting ♦ ヘッジ取引を行った場合に，ヘッジ手段であるデリバティブについては毎期末に時価

評価する一方，ヘッジ対象の資産・負債が原価評価される場合には，デリバティブの損益が先に認識されることから，ヘッジの効果が損益計算書に反映されないこととなる。そこで，相場変動との関係性が事前に確認されていることや，ヘッジの有効性が確保されていること等の一定の要件を満たすことを条件として，デリバティブの時価評価による損益を損益計算書に反映させず，ヘッジ対象の資産・負債の決済時点まで貸借対照表に計上して繰り延べることで，両者の損益を対応させようとするものである。これにより，ヘッジ対象に係る損益とヘッジ手段に係る損益を同一の会計期間に認識し，ヘッジの効果が会計に反映される。

ヘッジ会計の終了 termination of the hedge accounting ♦
ヘッジ対象である資産や負債が消滅したときや予定取引が実行されないことが明らかになったときには，ヘッジされるべきものがなくなるため，ヘッジ会計を終了し，それまで繰り延べられていたヘッジ手段に係る損益等を当期の損益として処理することになる。

ヘッジ会計の中止 discontinuance of hedge accounting ♦
ヘッジ関係にあるものが，ヘッジの有効性を満たさなくなったり，ヘッジ手段が「満期」や「売却」などによって消滅した場合には，ヘッジの関係がなくなるためヘッジ会計が中止される。この場合には，それまで繰り延べられていたヘッジ手段にかかる損益等は，ヘッジ対象にかかる損益が計上されるまでそのまま繰り延べるが，ヘッジ手段が債券や借入金などの金利リスクをヘッジするためのものであるときは，ヘッジ対象である債券や借入金の満期までの期間に金利の調整として損益を配分する。なお，ヘッジの有効性を満たさなくなった場合には，ヘッジ会計が中止された以後のヘッジ手段にかかる損益等は，発生した期間の損益となる。

ヘッジ取引 hedge transaction ♦ 実物資産・負債等が為替変動，価格変動，金利変動等によりさらされる相場変動等のリスクを減殺するため，デリバティブ取引をヘッジの手段とし

て用いる取引のこと。輸出取引に伴いドル建ての売掛金を取得した場合，代金が決済され円貨による受取額が確定するまで，外国為替相場の変動というリスクにさらされる。この際，損失の可能性を減殺するため，為替予約（先渡取引），先物取引，オプション取引，スワップ取引等のデリバティブ取引をヘッジの手段として利用し，リスクを減殺（消滅）させる。ヘッジ対象となる資産等に保険を掛けることに類似しており，"保険つなぎ"ともいう。

ヘッジ有効性 the effectiveness of the hedge ♦ →ヘッジ会計，事前テスト，事後テスト

別途積立金 other reserve, special reserve (fund), unconditional reserve, general reserve ♦ →任意積立金

ペーパーカンパニー company on paper, dummy company ♦ 会社としての活動実績はないが，取引や税金対策のためなどに設立または買収した会社，あるいは休止している会社のこと。

ベンチャーキャピタル venture capital ♦ IPO（株式公開）を実現しキャピタルゲイン（株式売却益）を得ることを目的にベンチャー企業に投資する会社のこと。ベンチャー企業は，通常，財務力が十分ではなく信用が乏しいため，金融機関から資金借入ができない場合が多い。ベンチャーキャピタルはこうしたベンチャー企業に投資することで，投資資金を回収できないリスクを負う一方で，IPOを実現した場合には多額のキャピタルゲインを得る。

変動費 variable cost ♦ 操業度の変動に応じて比例的に変化する原価。直接材料費，直接労務費，燃料費などがこれに当たる。なお，操業度がゼロの場合であっても一定額が発生し，同時に操業度の増加に応じて比例的に増加するものは準変動費といい，電力料などがこれに当たる。

返品調整引当金 allowance for sales returns ♦ 販売済みの製商品につき翌期以降の返品に備えて設定する引当金。税務上は，出版，医薬品，化粧品等の卸売業等，特定業種で買戻

し契約や慣行がある場合に，期末の売上債権残高または期末直前2カ月間の売上に返品率及び売買利益率を乗じた金額を繰入限度額として損金算入できる。

ほ

包括主義 all-inclusive principle ♦ 企業の損益計算は期間損益だけでなく非期間損益も含めて行い，その結果算出する当期純利益が企業の経営成績を表すという考え方。非期間損益により経営成績が影響を受けるが，それが実態を反映した成績と考える。現行の企業会計原則は包括主義の観点に立つ。包括主義に対する概念として当期業績主義がある。

包括ヘッジ ♦ ヘッジ対象が複数の資産または負債で構成される場合のヘッジをいい，リスクの共通する資産または負債等をグルーピングして，ヘッジ対象を識別する方法である。ヘッジ対象の識別は，資産または負債等につき取引単位で行うこと（個別ヘッジ）が原則だが，ヘッジ手段の最低取引単位が対象とする資産または負債等の取引単位より大きい場合やヘッジ取引のコストまたは信用リスクの軽減を図る場合は，包括ヘッジによることがある。適用要件として，個々の資産・負債の変動とポートフォリオ全体の変動との高い相関が必要となる。

包括利益 comprehensive income ♦ →包括利益計算書

包括利益計算書 statement of comprehensive income ♦ 資本取引以外の純資産の変動額を包括利益といい，そのうち当期利益以外のものをその他の包括利益という。包括利益計算書とは当期利益とその他の包括利益との合計額である包括利益の計算過程を示す計算書である。その他の包括利益は，外貨換算調整額や有価証券未実現保有損益等の未実現項目を含む。

法人税 corporate income tax ♦ 租税のうち法人の所得に対して直接に課される国税のこと。法人税には，①各事業年度

の所得にかかるもの，②各連結事業年度の連結所得に対するもの，③清算所得に対するもの，④退職年金等積立金に対するもの，⑤各特定信託の各計算期間の所得に対するものがある。また，課税対象となる法人には，公益法人等，協同組合等，普通法人，人格のない社団等があり，このうち公益法人等と人格のない社団等は一定の収益事業についてのみ課税され，協同組合等と普通法人はすべての利益が法人税の対象となる。なお，公共法人については法人税は課税されない。また，外国法人についても日本国内での所得については課税される。

法人税，住民税及び事業税 income taxes ◆ 法人税や住民税など，経営活動の結果としての利益（課税所得）に応じて課する税金費用を処理する勘定科目。事業税は，所得基準（所得割）の金額を当該科目で処理する。付加価値割及び資本割は利益に関連する金額を課税標準としてないため，「販売費及び一般管理費」で処理する。

法人税等調整額 income taxes-deferred ◆ 税効果会計を適用した場合の，法人税等の調整項目。→税効果会計

法定繰入率 ◆ 法人税法において中小法人に特別に認められている貸倒引当金の繰入率のこと。法人税法では貸倒引当金の計上について細かく定められており，一括評価される一般債権（一括評価金銭債権）の貸倒引当金の計上額は，期末の一括評価金銭債権の帳簿価額に貸倒実績率（過去3年間の貸倒発生割合）を乗じて算出する。しかし，資本金が1億円以下の中小法人については法定繰入率を使って貸倒引当金を算出することができる。法定繰入率は，卸小売業で1000分の10，製造業で1000分の8など。

法定実効税率 effective tax rate ◆ 繰延税金資産及び繰延税金負債の計算に使われる税率のこと。税率が変更される場合は，変更後のものを使用する。計算式は次の通り。

法定実効税率＝ ｛法人税率×（1＋住民税率)＋事業税率｝
　　　　　　　÷（1＋事業税率）

法定福利費 legal welfare expense ◆ →福利厚生費

簿外資産 off-balance-sheet asset ◆ 企業が有しているものの貸借対照表に記載されていない資産。帳簿外の資産のこと。なお帳簿外の負債のことは簿外負債という。企業会計原則では貸借対照表日におけるすべての資産を計上することを原則としながらも、重要性の乏しい資産について、資産に計上しないことも認めている。具体的には、消耗品や貯蔵品等についての購入時に費用処理する方法、前払費用等の経過勘定を計上しない方法などであるが、いずれも重要性の乏しい場合に限られる。意図的に、重要な資産について帳簿外とした場合は、いわゆる逆粉飾となり認められない。

簿外負債 off-balance-sheet liablity ◆ →簿外資産

保管振替機関 central securities custody & book-entry transfer system ◆ 保管振替制度のもとで、有価証券を顧客の承諾を得て集中管理して証券の授受を現物ではなく口座の振替で行う機関。主務大臣の指定を受けており現在は証券保管振替機構のみが行っている。保管振替制度は、有価証券の取引を活発にし膨大な量の株式等の保管や受渡しを簡易、円滑にすることを目的とするもので、これにより、現物を所持することなく売買による受渡しが可能になり、配当の受取りや権利行使をすることができる。

簿記 book keeping ◆ 会計帳簿に記入すること。つまり経営活動に伴い発生する取引や会計事象について会計帳簿に記録することであり、これを処理して企業の財政状態や経営成績を表示することが可能となる。簿記は記帳の方式により単式簿記と複式簿記とに分類される。このうち一般に企業会計で用いられているのは、貸借平均の原理に立脚した複式簿記である。→複式簿記

保険差益 gains on insurance claim ◆ 保険を付した固定資産が災害等により滅失し、保険金を受けた場合、保険金額が滅失資産の帳簿価額を超える額をいう。貨幣価値変動に伴う保険差益は通常特別利益に計上する。税法上は国庫補助金等

と同様益金とするが，一時的に課税を繰り延べるための圧縮記帳が認められる。

保守主義 prudence principle ◆ →保守主義の原則

保守主義の原則 principle of prudence ◆ 企業会計原則の一般原則の１つ。企業財政に不利な影響を及ぼす可能性がある場合，これに備え適当に健全な会計処理をすべきと規定している。会計処理に当たり慎重な判断を行うべきだが，過度に保守的な会計処理を行い真実な財務報告を不当に歪めてはならない。

保証債務 liabilities for guarantee, liabilities on guarantee ◆ →債務保証

保証債務損失引当金 provision for loss on guarantees ◆ →債務保証損失引当金

保証予約 ◆ 将来保証契約の成立を約束する契約。保証予約には，①停止条件付保証契約（保証先の財政状態が悪化した場合等一定の事由を停止条件としそれが生じた場合自動的に保証契約が発効する契約）と②予約完結権行使型保証予約（債権者による予約完結権の行使により，保証予約人の承諾を要せず保証契約が成立する予約契約），及び③保証契約締結義務型保証予約（債権者から保証契約締結を請求された場合，保証予約人が保証契約を締結する義務を負う予約契約）がある。保証予約はいずれも，債務保証に準ずるものとして財務諸表に注記する。

ポートフォリオ portfolio ◆ 広く金融資産を保有する場合の資産の組み合わせ。安全性，収益性，換金性等を総合的に検討して組み合わせを決める。組み合わせの選択をポートフォリオ・セレクションという。

ま

埋没原価 sunk cost ♦ 経営意思決定と関係のない原価。例えば、選択可能な各種の案がある場合に、各案に共通して発生する原価や、設備投資の意思決定に際して、投資の実行の有無にかかわらず、発生する原価をいう。埋没原価は意思決定によって変化しないため、意思決定の判断材料からは除かれる場合が多い。

前受金 advances received ♦ 商取引の成約に伴い、商品や対象物件の引渡し前に代金の全部または一部を受領した金額をいう。建設、造船業等のような受注産業では多額の前受金が生じる。

前受収益 unearned revenue, deferred revenues(income) ♦ 継続して役務の提供を行う際、未だ提供していない役務に対し支払を受ける場合に生じる勘定科目。前受利息、前受家賃、前受手数料等がある。前受収益のうち貸借対照表の翌日から計算して1年を超えて収益となるものは、長期前受収益として固定負債に計上する。前受収益は契約による継続的な役務の提供に係る収益であり前受金とは異なる。

前払金 advanced payments ♦ →前渡金

前払年金費用 prepaid pension expenses ♦ →退職給付引当金

前払費用 prepaid expenses ♦ 継続して役務の提供を受ける際、未だ提供を受けていない役務に対し支払を行う場合に生じる勘定科目。未経過保険料、未経過割引料、未経過支払利息、前払賃借料等がある。前払費用のうち、貸借対照表の翌日から計算して1年以内に費用となるものは流動資産に、1年を超えるものは投資その他の資産に記載する。前払費用は契約による継続的な役務の提供に関する費用であり前払金とは異なる。

前渡金 advanced money ♦ 商品、原材料等の購入に当た

り，あらかじめ代金の全部または一部を支払う場合の前払金をいう。

満期保有目的の債券 held-to-maturity debt securities ◆ 金融商品会計における有価証券の保有目的による区分の1つで，満期まで持ち続けることを目的として保有する社債その他の債券のこと。取得時においてこの区分にするか否かの判断が必要になるが，①あらかじめ償還日が決まっており，②額面金額による償還が予定され，③満期まで所有する意思をもって，④満期まで保有する能力があることが要件となる。満期まで保有することを前提とするため，期末の評価は取得原価か償却原価による。償却原価とは，取得原価と債券（額面）金額との差額を償還期限までの期間にわたって期間配分された額を取得原価に加減したもので，これを採用するには，その差額が金利調整によるものである場合に限られる。償却原価の配分方法は利息法が原則であるが定額法も認められる。満期保有目的の債券から他の保有目的区分への変更は原則認められない。まず，子会社株式または関連会社株式に保有目的を変更することはない。次に，売買目的有価証券およびその他有価証券への変更は原則として認められないが，償還期限前に売却した場合などは残りのすべての債券についても保有目的の変更があったものとして振り替えることになる。この場合には変更したときの償却原価をもって振り替えるが，その期と翌期は満期保有目的の債券に分類することができなくなる。

み

未確定事項 uncertainty ◆ 監査人が監査意見を表明する際に生じている事項で，将来動向に係る見通しが立てにくく，会社の財政状態及び経営成績に及ぼす影響も予測しにくい事項をいう。訴訟問題が代表例。未確定事項がある場合，その重要性いかんにより，限定付意見や意見差控を表明する場合が

ある。

未実現損益 unrealized gain and loss ♦ 連結会社間で売買された有価証券，棚卸資産，固定資産などに付加された損益のうち未だ実現していないもののこと。連結財務諸表においては，親会社及び連結子会社を1つの企業体と考え，連結会社間の取引は，あくまで内部取引であり，連結企業グループ外部に販売されてはじめて損益が実現すると考える。そのため，連結決算手続において未実現損益は全額消去され，少数株主が存在する場合には持分相当分を少数株主にも負担させる。

未収収益 accrued income ♦ 継続して役務の提供を行う際，すでに提供した役務に対し未だ代金支払を受けていない場合生じる勘定科目。未収利息，未収保険料等がある。役務提供契約以外の契約等による未収入金とは異なる。

未収入金 (other) accounts receivable ♦ 通常の営業取引以外によって生じる短期金銭債権。固定資産や有価証券の売却代金で未入金のものや未収税金等がある。

未処分利益 unappropriated retained earnings ♦ →当期未処分利益

未処理損失 undisposed, accumulated deficit ♦ →当期未処分利益

未成工事受入金 advance receipt for construction in process ♦ 建設業の財務諸表で使う用語で一般事業会社の前受金に相当する勘定。

未成工事支出金 construction in process ♦ 建設業の財務諸表で使う用語で一般事業会社の仕掛品に相当する勘定科目。

未着品 inventories in transit, goods to arrive ♦ 棚卸資産を仕入れる際，運送途中にあり手元に届いてない仕入品をいう。送り状や貨物代表証券等に基づき計上する。商品を受け取る権利を有するため，通常の仕入れと区別し未着品として計上する。

見積原価 estimated cost ♦ 製品の単位当たり原価を算出す

る場合に，過去の実績や経験から推定された見積もりに基づき算出される原価。標準原価に比べ科学的合理性に欠けるとされる。

見積原価計算 estimating cost accounting ◆ 原価を予定する際に，過去の実績や経験から推定された見積もりに基づき算出される見積原価に実際の生産量を掛けて製品原価を計算する方法。原価の算定には科学的合理性が乏しいが，計算が簡便なため，生産工程が単純であったり少量生産の場合には，この方法が採用される。

みなし配当 deemed dividend ◆ 税法において受取配当以外に金銭等の交付を受けた一定の場合には，配当金とみなして受取配当等と同様に益金不算入されるものをいう。例えば，解散した会社から，持っている株式の帳簿価額を超えて分配を受けた場合には，その超えたもののうち利益積立金相当額の部分がこれに当たる。利益積立金部分は利益剰余金の配当と同じ性格であるために益金不算入とされている。なお，みなし配当が適用されるケースは，解散の他に合併や分割型分割，減資，出資の払戻しなどがある。

未認識項目 unrecognized items ◆ →退職給付引当金

未払金 accounts payable-other ◆ 通常の営業取引以外により生じる短期金銭債務。固定資産購入の未払代金や未払税金，未払配当金等がある。法的な確定債務であり，法的債務として確定していない一定の役務契約に基づく未払費用とは異なる。

未払消費税 accrued consumption tax ◆ 消費税の未払金を表す勘定。

未払費用 accrued expenses ◆ 継続して役務の提供を受ける際，すでに提供された役務に対し未だ対価を支払っていない場合に生じる勘定科目。未払利息，未払保険料等がある。役務提供契約以外の契約等による未払金とは異なる。

未払法人税等 income taxes payable ◆ 法人税の未払分。住民税，事業税の未払分等と合わせて未払法人税等として貸借

対照表の負債の部に記載する。

民事再生法 civil rehabilitation law ◆ 和議法に代わって平成12年に施行されたもので，経営不振の会社の再建を目的とした法律。再建型の法的倒産手続の1つで，経営者が引き続き再建計画をもとに会社の建て直しを図るため中小企業に向いているが大企業でも利用できる。和議法は時間がかかる上に決定的な破産状態でないと利用できなかったが，民事再生法は申請，認可時間が短縮されている。

む

無形固定資産 intangible assets ◆ 長期間にわたり事業収益を獲得するために使用する諸権利等の固定資産をいう。①営業権，②法律上の権利である工業所有権（特許権，商標権，実用新案権，意匠権）のほか借地権，鉱業権等，③施設などを専用して利用できる権利（専用側線利用権，熱供給施設利用権，電気通信施設利用権等），④ソフトウェア等がある。無形固定資産は，取得原価により評価し残存価額をゼロとした定額法による減価償却を行うことが一般的である。

無税 tax free ◆ 税金がかからないこと。

め

名義株 dummy share ◆ 株主名簿に記載されている株主名が，実際に出資を行っている実質的な株主ではない株式のこと。出資するときに他人の名義を使ってお金を払い込むと名義株となる。有価証券報告書や事業報告には株主についての記載が要請されているが，名義株主ではなく実質的な株主を記載することになっている。

明瞭性の原則 principle of clear disclosure ◆ 企業会計原則の一般原則の1つ。公開の原則ともいう。企業会計は財務諸表により利害関係者に必要な会計事実を明瞭に表示し，企業

の状況に関する利害関係者の判断を誤らせないようにすべきと規定している。利害関係者が企業内容を誤解しないよう，財務諸表により企業内容を明瞭に表示し，企業の状況につき適正な認識が得られるよう求めている。

メインバンク main financing bank ◆ 融資，預金，為替等の取引を通じて総合的な取引関係にある銀行で，その企業の主力銀行ともいう。メインバンクは，特別な契約があるわけではなく非公式な関係であるが，その特徴としては，①総合的，長期的な取引関係である，②最大の融資元である，③企業の主要な株主であることが多い，④役員等の派遣により人的関係があるなどが挙げられる。機能としては，企業の監視者としての役割を担うモニタリング機能や企業の危機などの際の支援機能がある。このような特徴及び機能はメインバンク制と呼ばれているが，第二次大戦後から1980年代までは，多くの企業と銀行がこのような関係にあった。1990年代に入ると，それまでの間接金融から直接金融へとシフトしていくと同時に不良債権問題等に伴う金融不安からメインバンク制は解消へと進んだが，中小企業においては未だメインバンクの役割は大きい。

免税事業者 exempt enterprises ◆ 消費税の納税が免除されている事業者のこと。消費税は税負担者と納税義務者が分離されているため，本来すべての事業者が税負担者に代わって納税を行う必要があるが，売上が1,000万円以下であるような小規模な事業者は消費税の申告事務が煩雑であることを考慮して免税事業者としている。免税事業者となるのは，課税期間の基準期間（個人の場合は前々年，法人の場合は前々事業年度）の課税売上高が1,000万円以下の事業者で，その課税期間の納税義務が免除される。新たに事業を始めた事業者は，課税期間の基準期間がないために免税事業者となるが，新設法人のうち資本金等が1,000万円以上のものは免税事業者にはならない。また，免税事業者であっても，「消費税課税事業者選択届出書」を提出すると課税事業者となる。な

お，この届出をした事業者は，2年間は免税事業者になれない。免税事業者となった場合でも，売上高に消費税分を加算して代金を請求することができるが，仕入に対する消費税額が売上のそれよりも過大となり原則課税では還付を受けることができる場合でも，還付は受けられない。

免税取引 tax exempt transactions ♦ 国内における資産の譲渡等のうち，輸出品などのように実際の消費地が海外となる場合の取引をいい，この場合には消費税を免除している。不課税や非課税取引ではなく，あくまで税率が０％の課税取引である。輸出取引には輸出許可書のほか，輸出取引であることを証明する書類が必要となる。また，輸出物品販売場（免税ショップ）を経営する事業者が外国人（非居住者）に対して一定の方法で特定の輸出携帯品等を販売した場合にも免税取引となる。この場合，販売額の合計が１万円を超えることが必要だが，食品やたばこは免税にならない。

も

目的税 earmarked tax, object tax, objective tax, special-purpose tax ♦ 使い道がはっきり決まっている税金のこと。自動車取得税は道路に関する費用に充てられる。

目論見書 prospectus ♦ 有価証券の募集や売出しのため一般に提供する有価証券発行会社の事業説明の文書をいう。有価証券の発行会社は有価証券の募集や売出しに際し目論見書を作成し交付する。目論見書には有価証券届出書の第１部，第２部の記載事項を記載する。有価証券届出書と目論見書は，ともに発行市場でのディスクロージャー書類で有価証券発行会社が作成するが，有価証券届出書は内閣総理大臣に提出され証券取引所等で一般に縦覧される。一方，目論見書は投資家に対し個別的に交付され，両者は記載事項が多少相違する。

持株会社 holding company ♦ 他の会社を支配することを主

たる目的として設立された会社のことであり、独占禁止法では会社の総資産に占める被支配会社の株式の比率が50％を超える会社を持株会社としている。持株会社としては①自ら事業は行わず他の会社の株式保有を通じて当該他の会社を支配することを目的とする純粋持株会社、②自らも事業を行うとともに他の会社の株式保有により支配も行う事業持株会社、③子会社が金融機関に限定されている金融持株会社がある。②の事業持株会社は従来より認められていたが、①の純粋持株会社、③の金融持株会社については、自由競争を阻害する要因になりかねないとのことから、改正前の独占禁止法により禁止されていた。しかし、平成9年の独占禁止法の改正により、①の純粋持株会社、③の金融持株会社が解禁された。持株会社のメリットはグループ傘下の企業間における資源配分の効率化や、新規事業への参入、不採算部門の分離がしやすいといった点が挙げられている。

持分会社 ♦ 合名会社、合資会社、合同会社の総称。会社法における会社の種類は、「株式会社」と「持分会社」に分けられる。会社法では、旧有限会社法における有限会社が「株式会社」に一本化されるとともに、合名会社、合資会社、新設の合同会社を加えて「持分会社」とされた。

持分プーリング法 pooling of interest method ♦ 企業結合における1つの会計処理方法。すべての結合当事企業の資産、負債及び資本を、それぞれの適正な帳簿価額で引き継ぐ方法である。パーチェス法の場合と異なり、結合当事企業に取得企業と被取得企業の区別がなく、原則として、すべての結合当事企業の資産、負債及び資本の適正な帳簿価額が引き継がれ、のれん（または負ののれん）は発生しない。

持分法 equity method ♦ 投資会社が被投資会社の純資産及び損益のうち投資会社に帰属する部分の変動に応じて、その投資の額を連結決算日ごとに修正する方法。持分法では、被投資会社の業績を投資会社の投資勘定に反映させるため、一行連結とも呼ばれる。連結財務諸表を作成するに当たり、非

連結子会社及び関連会社を対象として適用され,「持分法による投資損益」の科目により損益計算書上の営業外損益に計上される。

持分法による投資損益 equity in earnings or loss of investees ◆ →持分法

モニタリング monitoring ◆ 監視活動のことで,内部統制における重要な構成要素の1つ。内部統制の有効性と効率性を継続的に評価,是正するプロセスのことで,通常業務として行われる日常的な監視活動と独立の部署が定期に行う評価がある。

や

役員賞与 board members' bonus ♦ 役員に支払う賞与。発生時に費用処理する。費用処理する場合は当期の株主総会で決議する予定の金額を引当金として計上する。

役員退職慰労引当金 allowance for retirement benefits for directors and corporate auditors ♦ 期末日現在において企業が役員に対して支払うべき退職慰労金残高のこと。内規等により支給額の基準が定められている場合は，発生主義により期末日現在の要支給額を負債として認識する。役員退職慰労金は労働との関係が明確ではないため，退職給付会計の対象ではない。

役員報酬 board members' compensation ♦ あらかじめ定めた支給基準により，一定期間を単位として規則的，反復的，継続的に支給する定期の給与をいい，発生時に費用として処理する。通常の昇給等以外に特定の月だけ給与を増額支給した場合，各月に支給する給与を超える部分は賞与となる。非常勤役員に対する報酬も，利益に一定の割合を乗じて算定する場合は賞与となる。

約定日基準 ♦ 有価証券の発生及び消滅の認識を約定日で行うこと。通常，証券市場を通して有価証券を売買する場合にはその引渡しは約定日から4営業日後である。このように，約定日から受渡日までの期間が市場規則や慣行に従った通常の期間である場合に約定日に売買を認識することが金融商品会計の原則的処理である。

約束手形 promissory note ♦ 振出人が，受取人（名宛人）もしくは手形所持人に対し，記載された金額を一定の期日に支払うことを約束した手形のこと。期日に支払が行えない場合が，いわゆる不渡りであり，これが2回行われると，振出人は銀行取引停止となり，事実上の倒産となる。

ゆ

有価証券 marketable securities ♦ 財産権を表章した証券の総称。会計上,国債証券,地方債証券,社債券,出資証券,株券,証券投資信託・貸付信託受益証券等を指し,小切手,手形などは含めない。法律上はこの他貨物引換証,船荷証券,倉庫証券等や小切手,手形等も含む。金融商品会計基準では有価証券を保有目的等の観点から,①売買目的有価証券,②満期保有目的の債券,③子会社株式及び関連会社株式,④その他有価証券に区分し,区分に応じ貸借対照表価額,評価差額等の処理を定めている。

有価証券届出書 registration statement ♦ 発行価額または売出価額の総額が1億円以上の有価証券の募集または売出しの際,内閣総理大臣に提出する書類。有価証券報告書は流通市場のディスクロージャーに資するが,有価証券届出書は発行市場のディスクロージャーの一翼を担う。投資判断に資する情報を記載し,その内容は「企業内容等の開示に関する内閣府令」の「第2号様式」に定めている。有価証券報告書に記載する企業情報のほか,第1部に新規発行有価証券に関する募集要項,売出要項等を記載する。有価証券報告書と同様,財務局やEDINET(インターネット)で閲覧できる。

有価証券報告書 annual securities report ♦ 特定の会社が事業年度ごとに作成し事業年度終了後3カ月以内に内閣総理大臣に提出する書類。証券取引所上場有価証券の発行会社,有価証券の募集または売出し時に有価証券届出書を提出した会社等に提出義務がある。投資判断に資する情報を記載しその内容は「企業内容等の開示に関する内閣府令」の「第3号様式」に定めている。提出会社もしくは当該企業集団の①企業情報,②事業の状況,③設備の状況,④提出会社の状況,⑤経理の状況等を記載する。⑤の経理の状況等は,連結財務諸表等と個別財務諸表を記載し公認会計士(監査法人)の監査

証明を受ける。財務省や各証券取引所で閲覧できるほか，各社のホームページやEDINET（インターネット）で閲覧できる。

有価証券明細表 schedule of securities ♦ →附属明細表

有給休暇引当金 accrued vacation pay ♦ 将来，従業員が有給休暇を消化する際生じる負担に備え設定する引当金。有給休暇期間に役務提供はないが給与を支払うため，有給休暇が発生する原因となる役務提供期間で休暇中の給与負担額を計上する。日本では，米国等の国際基準と異なり，制度的にも計上を要さず，実務慣行としても定着していない。

遊休資産 idle asset ♦ 現状の企業活動でほとんど使用されておらず，将来の使用が見込まれていない状態の資産をいう。固定資産の減損会計では，遊休資産のうち重要なものはこれらを他の資産または資産グループとは切り離してキャッシュ・フローを生み出す最小の単位として減損の有無を検討することになる。重要性の乏しいものは使用状況等を考慮して資産グループに含めることもある。また，独立の資産単位となった使用見込みのない遊休資産や他の遊休資産，処分予定の営業資産，廃止した事業の重要な資産等は，これらの全体または一部について将来キャッシュ・フローを合算するなどして減損損失の認識の判定や減損損失の測定をしてはならない。なお，将来の使用予定のある遊休資産については，その使用見込みに基づいてグルーピングを行う。

有形固定資産 property, plant and equipment ♦ 長期間にわたり事業目的に使用する資産。建物，構築物，機械装置，船舶，車両運搬具，工具・器具・備品，土地，建設仮勘定等の総称。通常，取得原価により評価し，土地，建設仮勘定を除く各資産につき減価償却を行う。

有形固定資産等明細表 schedule of property, plant and equipment ♦ →附属明細表

有姿除却 ♦ 使用見込みのない固定資産を解体や廃棄しなくとも法人税法上除却損を損金に算入できること。法人税法では

特別な場合を除き資産の評価益や評価損の計上は認められていないが，これは評価損の計上には当たらない。有姿除却できるのは次の2つのケースに限られる。1つは固定資産の使用を止め今後通常の使い方をしないことが明らかなもので，仮に転用したとしても，それまでとまったく異なる使い方で，経済性が維持できない場合も該当する。もう1つは特定の製品に使用する金型で，その製品の生産中止により金型が使用されないことがその後の状況から明らかなときであり，この場合は使用されなくなってある程度の期間を経過していることが必要になる。

有税償却 nondeductible depreciation ♦ 法人税法では減価償却費の上限である償却限度額が決められていて，これを超える部分は税務上否認されるため申告調整で加算し税金が課されることになる。このように償却限度額を超えて減価償却費を計上することを有税償却という。会計上の減価償却額が法人税の償却限度を超えるときに生じ，税効果会計の適用により繰延税金資産が計上される。

有税処理 recognition of nondeductible loss or expenses ♦ 法人税法ではまだ損金とならないのに会計上費用または損失として処理すると，申告調整で否認されてその分税金が課されることになる。この場合の会計上の処理を有税処理という。例えば，不良債権について回収可能性が低いと判断して全額を貸倒損失として処理しても法人税法の規定では損金にならない場合があり，また，不良在庫に評価損を計上しても法人税法では廃棄するまで損金にならない。公開会社などは証券取引法の規制を受けるので多くの有税処理が行われる。その結果，税効果会計の適用により繰延税金資産や法人税等調整額などの科目を通じて決算書に反映され，有価証券報告書等にその内容が注記される。

誘導法 derivation method ♦ 貸借対照表を作成する方法の1つ。誘導法によると，貸借対照表の各項目の数値が，複式簿記により記録された会計帳簿に基づき作成される。会計帳簿

ゆ/よ　　　　　　　　　198

の整備が必要とされることから，簿記法とも呼ばれる。これに対し，期末に実施棚卸を行うなどして財産目録を作成し，これをもとに貸借対照表を作成する方法を財産目録法（棚卸法）という。

有利子負債 interest-bearing liabilities ♦ 借入金や社債のように，利息がかかる負債のこと。有利子負債が多いと，利息の負担が大きくなる。有利子負債によって資金を調達し，その資金を元手に事業を行い，その事業での利益率が支払利息の利率より高ければ問題はないが，事業で上げられる利益率が，支払の利率より低い場合には，企業の財政状態を悪化させることになる。

よ

予算 budget ♦ 理想的には中期計画を具体化する目的で単年度事業計画を策定するための行動計画を計数的に裏付けたもので，翌期1年間の収支と損益から構成される。予算の編成方法には①トップダウン方式，②ボトムアップ方式，③折衷方式があるが，編成方針をトップが策定し，現場からの要望に基づきこれを調整した上で再度トップによる確定予算を組む流れとなる③の折衷方式が望ましいとされる。予算は年間の目標であるが，これによる統制を行い，次年度の予算及びそれ以降の中期計画の指針とする必要がある。具体的には，月次や四半期の実績との比較分析と原因把握，経営者層等への報告，改善案の策定と実施及び見直しが予算統制の流れとなる。

予算差異 budget variance ♦ 製造間接費差異の1つであり，予算許容額と実際発生額の差額として算出される。予算許容額は，固定予算の場合には予算額であり，変動予算の場合には実際操業度における，変動費配賦相当額に予算固定額を足した額として表される。

予測主義 estimation basis ♦ 中間会計期間を事業年度の1

構成部分と位置付け，部分的に年度の財務諸表と異なる会計処理基準を適用して中間財務諸表を作成することで，中間会計期間を含む事業年度の業績の予測に役立つ情報を提供する考え方。これに対し，中間会計期間を事業年度と同様の1会計期間と捉え，中間財務諸表を年度の連結財務諸表及び財務諸表と同じ会計処理基準を適用して作成し，中間会計期間の財政状態及び経営成績に係る情報を提供する考え方を実績主義という。前者は後者に比べ，恣意的な判断の介入の余地があり，処理も複雑となることから，現行の中間財務諸表及び中間連結財務諸表の作成基準は実績主義による。

予定原価 predetermined cost ◆ 将来の予定消費量，予定価格を見積もり，算出する原価。予算の編成に適するほか原価管理，棚卸資産価額の算定にも用いる。予算原価ともいう。

予定取引 forecast transaction ◆ 未履行の確定契約に係る取引及び契約は成立していないが取引が予定される時期や物件，量，価額等の主要な取引条件が合理的に予測可能であり，かつ，実行される可能性が極めて高い取引のこと。予定取引によって生じる債権債務はヘッジ対象に含まれ，所定の要件を満たせば，ヘッジ会計を適用できる。例えば，期末日以後の取引で発生する外貨建ての売掛金の入金に対して当期に有利となる為替予約を付す場合に，期末日では売掛金は発生していないが為替予約取引は発生している。為替予約はデリバティブに当たるために時価で損益を認識するが，当該為替予約は翌期に発生する外貨建売掛金の為替の変動リスクをヘッジするために締結したものである。そこで，予定取引についても，一定の要件を満たす場合には，ヘッジ対象として，ヘッジ会計の適用が認められる。予定取引がヘッジ対象となるか否かの判断は，①過去に同様の取引があったか，②その予定取引を行う能力があるか，③その予定取引を行わないと不利益があるか，④その予定取引の他に同等の効果や成果のある取引があるか，⑤予定取引実行までの期間は妥当か，⑥予定取引数量は妥当か，に照らして行われる。

り

利益準備金 legal reserve ♦ 法定準備金の一種であり利益を源泉とするもの。剰余金の配当によって積み立てることが要請されている。利益が全額配当等で社外流出し財産基盤を揺るがす危険を防ぐため、その一部を社内留保することを目的としている。貸借対照表上は、利益剰余金の内訳として表示される。→準備金

利益剰余金 retained earnings, earned surplus ♦ 会社の純資産額が資本金の額を超える部分（剰余金）のうち、利益を源泉とする部分。財務諸表上、利益剰余金として純資産の部に計上する。

利益処分案 proposal for appropriation of retained earnings ♦ 当期未処分利益の処分に関する議案で、旧商法上の計算書類の1つ。利益の処分に関する議案を利益処分案と呼ぶのに対し、会社が当期未処理損失を計上し、損失の処理に関する議案の場合には損失処理案と呼ぶ。旧商法では、利益処分案を通じて定時株主総会の承認を経ることで利益処分が行われていたが、会社法では、定時総会に限らず、剰余金の配当が株主総会の決議で可能となったこと等により、計算書類から除かれ、代わりに株主の持分の変動を示す計算書類として株主資本等変動計算書の作成が義務付けられている。

利益相反取引 transaction in conflict of interest ♦ 会社が取締役個人の債務について保証を行うなど、会社と取締役との間で利益が相反し、会社にとって不利益になる可能性のある取引。会社の利益を保護するため、このような取引を行うには取締役会設置会社では取締役会、その他の会社では株主総会の承認が必要とされている。なお、取締役が他の会社の代表取締役として、会社と取引を行う場合にも、利益相反取引に該当する場合がある。

利益中心点 profit center ♦ 利益に対して責任を負う管理単

位のこと，利益センターとも呼ばれる。原価センターが原価のみが集計され，その原価に関してのみ責任を負うのに対して，利益中心点では原価のみならず収益も集計され，算出された利益に対しても責任を負うことになる。

利害関係者 stakeholder ♦ →ステークホルダー

リスクアプローチ risk approach ♦ 監査を実施する上で，リスクの高い事項については，重点的に監査の人員や時間を充て，そうでない事項については，作業の効率化を図ることで，監査を効果的かつ効率的に実施することを目的とするもの。監査基準では，固有リスクと統制リスクを評価し，監査リスクを一定水準以下に抑えるような監査計画の策定及び監査を実施する旨を規定しており，リスクアプローチに基づく監査を求めている。

リスク経済価値アプローチ risks and rewards approach ♦ 金融資産等の譲渡において，その資産に対する支配の消滅をいつ認識するかについての考え方で，他に「財務構成要素アプローチ」がある。「財務構成要素アプローチ」とは異なり，金融資産等を分解せずに一体としてリスクと経済価値のほとんどすべてが第三者に移転した場合にはじめてその金融資産等の消滅を認識する考え方を「リスク経済価値アプローチ」といい，現行では不動産の流動化の処理において採用されている。不動産の流動化は，金融商品と異なり，「権利」の譲渡であり，そのリスクと経済価値が不動産の所有と一体化していること，また金融商品に比して時価の算定が容易でないなどの理由からこの考え方が採用されている。例えば，不動産の使用，保有，処分から生じる便益やリスクから完全に解放されたときに支配の移転がなされたと考える。

リスク情報 risk factors ♦ 有価証券報告書，有価証券届出書等に記載する「事業等のリスク」の略称。投資リスクに関する投資家の判断に重要な影響を及ぼす可能性のある事項を記載する。

リスクフリーレート risk-free rates ♦ 元本が保証されてい

るなど，投資のリスクがない投資利回りのこと。リスクフリーレートは，長期国債の利回りが用いられることが多く，例えば10年物の日本国債の利回りなどがある。

リース債務 lease obligation ♦ ファイナンスリース取引は原則として売買処理することになるが，その際に借手（レッシー）はリース取引の対象となった資産と債務を計上することになり，その場合に計上された資産をリース資産といい，債務をリース債務という。リース資産とリース債務は同額であるが，その計上額は所有権移転ファイナンスリースと所有権移転外ファイナンスリースでは異なることがある。まず，所有権移転ファイナンスリースの場合は貸手（レッサー）の購入価額等が判明していればその価額を計上することになるが，所有権移転外ファイナンスリースの場合は貸手の購入価額等が判明しているときでも，リース料総額の現在価値と比較してどちらか低いほうを計上する。次に，貸手の購入価額等が不明な場合は，基本的にはどちらも同じで，リース料総額の現在価値と借手の見積現金価額のいずれか低いほうを計上する。リース資産は，原則として該当する有形固定資産の各科目に計上し，リース債務は，リース債務や未払金等の科目でワンイヤールールに従い表示する。

リース資産 lease asset ♦ →リース債務

リース取引 lease ♦「リース取引に係る会計基準」では，「リース取引とは，特定の物件の所有者たる貸手（レッサー）が，当該物件の借手（レッシー）に対し，合意された期間（リース期間）にわたりこれを使用収益する権利を与え，借手は，合意された使用料（リース料）を貸手に支払う取引をいう」とされている。リースは，法的には民法上の「賃貸借契約」であるが，経済的実態としては「金融的側面」を有している。つまり，リース会社は，ユーザーが選定した物件をユーザーに代わって調達するための資金供給を行い，その投下した資金をリース期間にわたるリース料の収受を通じて回収するものである。リース取引は，その法的性格

や経済的効果によって分類すると，ファイナンスリースとオペレーティングリースに大別される。

利息費用 interest cost ♦ 期首時点の退職給付債務から時の経過とともに生じた1年間の計算上の利息のこと。期首の退職給付債務額に割引率を乗じて算出する。退職給付費用の構成要素の1つ。

利息法 interest method ♦ 支払リース料総額に含まれる利息相当額を計算する方法であり，リース債務に対する利回りが一定となるように期日までの各期間に配分する方法をいう。これに対して定額法とは，その差異相当額を期日までの各期間の日数等に応じて均等に配分する方法をいう。リース料は利息相当額が含まれているが，リース債権及びリース債務は現在価値相当額であるため利息が含まれていない。そこで，例えば借手（レッシー）側では，リース料の支払額とリース債務の取崩額に差異が生じることになる。その差異額は実質的には利息相当額であるため，これを利息法で算定することになるのである。利息法の具体的な計算方法は，リース取引においては，各期のリース料の割引現在価値の総額がリース債権（リース債務）と一致するような実質利子率を算出し，この実質利子率をリース債権（リース債務）残高に乗じた額からその期のリース料を差し引いたものが利息相当額，となる。利息法は，金融商品会計の償却原価法などでも原則的な方法として採用されている。

リート REIT ♦ 不動産証券投資信託（Real Estate Investment Trust）のこと。投資家から集めた資金を賃貸ビル等の不動産で運用し，その不動産の賃貸収入等を投資家に分配する商品。

略式組織再編 ♦ 支配従属関係にある会社間で，合併，株式交換，会社分割などの組織再編が行われる場合，被支配会社においては株主総会決議が不要とされる制度。会社法において新たに定められた。簡易組織再編が，小規模な組織再編をスピーディーに行いうるようにとの趣旨であるのに対し，略

式組織再編は，支配従属関係に着目して，被支配会社における株主総会が実質的に意味がないとの理由によるものとされている。

流動化 liquidation ◆ 保有資産の収益力や信用力に着目し，当該資産に対する支配権を第三者に移転することで資金調達を行うこと。一定の要件を満たす場合は，保有資産のオフバランスが可能で，資産効率の向上を図ることができる。

流動資産 current asset ◆ 比較的短期間で現金化される資産。通常の営業取引から生じる受取手形，売掛金等は正常営業循環基準に基づき流動資産とする。通常の営業取引以外により生じた貸付金や未収入金は，ワンイヤールールに基づき貸借対照表日の翌日から１年内に現金化ないし費用化するものを流動資産とする。

流動性配列法 presentation in order of liquidity ◆ 貸借対照表の項目を配列する方法の１つ。資産項目は流動資産から固定資産，負債項目は流動負債から固定負債の順序で記載する方法。流動資産や流動負債の部は，さらにその科目ごとに流動性に基づく配列を行う。電力会社やガス会社など固定的設備の大きい会社は，固定性配列法を採用する。

流動比率 current ratio ◆ 流動資産を流動負債で割った比率。流動負債に充てることができる資産がどの程度の割合で保有されているかを示すことで，企業の財務の健全性を見る指標。200％を超えることが望ましいとされる。

流動・非流動法 current-noncurrent method ◆ 外貨表示の財務諸表項目を換算する場合，流動項目に決算時の為替相場を適用し，非流動項目に取引発生時の為替相場を適用して換算を行う方法。この方法は，投資有価証券を時価評価した場合，時価に対して取引発生時の為替相場が適用されるなどの矛盾を生じる場合がある。

流動負債 current liabilities ◆ 比較的短期間で現金支出される負債。通常の営業循環過程内の取引から生じる支払手形，買掛金等は正常営業循環基準に基づき流動負債とする。通常

の営業循環過程以外により生じた負債で貸借対照表日の翌日から1年以内に支払期限が到来する債務や，1年以内に収益となる前受金や前受収益等は，ワンイヤールールに基づき流動負債とする。

留保金課税 tax on undistributed profits ♦ 同族会社が当期の所得金額から社内留保したもののうち，一定額を超えるものについて特別の税率による法人税が課されることをいう。株主の所得税が多くなるなどの理由で配当を少なくすると，社内留保が多くなる。このように，同族会社では株主が自由に配当操作をすることができ，その結果，個人の所得税をも操作することが可能となる。そうなると，課税の公平が害されるので，会社の社内留保から税金を徴収できるようにして，そのような操作を抑制しようとするものである。

留保利益 retained earnings ♦ 企業が獲得し，配当などに使わず，企業内に留保した利益の蓄積。具体的には利益剰余金，つまり利益準備金や任意積立金，繰越利益剰余金のことをいう。

臨時巨額の損失 ♦ 企業会計原則注解15において例外的に定められている繰延経理可能な損失のこと。①天災や戦災により重要な営業資産に損失が生じ，②その額が当期未処分利益でも補えないほど巨額で，③法令で繰り延べることが認められたものを，経過的に貸借対照表の資産として繰延処理できる。会計理論的な根拠はないが，外的な要因により異常な損失を排除し，経営者の責任でないことを明確にして配当を可能にするなどの政策的な要請によるものである。「法令」で認められる場合となっているため，ある会社のみの処理ではなく，震災が起こった場合などのようにその地域にある企業全般に適用される性格のものである。

臨時計算書類 extra interim financial statement ♦ 会社法において規定された計算書類。臨時決算日における会社の財産の状況を把握するために作成される貸借対照表及び損益計算書をいう。会社は，臨時計算書類を作成することで，計上さ

れた損益の額を分配可能額に反映することができることになる。なお、会計監査人設置会社においては、臨時計算書類は、会計監査人の監査対象とされる。

臨時償却 nonrecurring depreciation ♦ 耐用年数の見積もり誤り等の原因によりこれまでの減価償却額に不足があることが判明した場合に、その不足部分について資産の帳簿価額を減額して特別損失に計上することをいう。これは、単なる見積もりの修正であるため、会計方針の変更には該当しない。また、滅失や減損とは異なるため「臨時損失」や「減損損失」とも区別される。

臨時損益 nonrecurring gain and loss ♦ →特別損益

臨時報告書 current report, extraordinary report ♦ 有価証券報告書を提出する会社につき重要な事実が発生し、公益や投資家保護に影響を及ぼす懸念があり、かつ、定期的な有価証券報告書による開示では時機を失する場合に、臨時に内閣総理大臣に提出する報告書。

れ

レジェンド問題 legend issue ♦ 日本の会計基準に基づき作成した財務諸表を英訳して英文財務諸表を作成する場合に、監査報告書に「わが国で一般に公正妥当と認められる会計基準に従って作成されており、国際財務報告基準の適用及び開示要件とは異なるものがある」という警句(レジェンド)を付すことを欧米の大手監査事務所が要求する問題をいう。大手上場企業の破綻をきっかけにわが国の財務諸表に対する信頼性が揺らぎ、欧米の大手監査事務所がレジェンドの付記を求めた。

レバレッジ効果 leverage effect ♦ テコの原理を応用して、小さな力で大きなものを動かすこと。企業が外部から資金を借り入れる場合、借入金を運用して利息を支払ってもなお利益が残っている場合には、借入による資金調達が企業全体の

利益率を高める効果をもたらす。このように企業が借入コストを上回る利益を生む事業に投資できるのであれば、借入を用いて資金調達を行うことで、利益率を高めることができる効果をレバレッジ効果と呼ぶ。なお、借入による投資が利益を生まない場合には、借入コストの増加とあいまって、企業の利益率を下げる結果となり、負のレバレッジ効果と呼ばれる。

レバレッジドリース leveraged lease ♦ 耐用年数が比較的短く高額な航空機や船舶を利用して節税効果を図ることが可能なファイナンスリース取引をいう。通常は、リース会社が特別目的会社等を設立して、20％から40％を複数の投資家から出資を募り、残りの60％から80％を金融機関等の借入で大型の航空機等をメーカーから購入し、これを借手（レッシー）に対してファイナンスリースを行うもの。投資家は商法上の匿名組合か民法上の任意組合の形態をとっており、リース期間を長めに設定することでリース料を低く抑える一方で、定率法により当初に損失を計上することにより、節税（課税の繰延）効果が得られる。ただし、平成10年度税制改正で、リース期間が法定耐用年数の120％を超えるリース契約で一定のものは売買取引として扱うことや、海外へのファイナンスリースについての資産の償却方法がリース期間定額法に限定されたことにより、レバレッジドリースのメリットは消滅した。また、平成17年度税制改正により、民法組合等の損失は各投資家（組合員）の出資額を超える部分は損金不算入となった。

レビュー review ♦ レビュー対象会社に対し独立性を保持している公認会計士等によって行われる業務であり、質問及び分析的手続といった限定された手続を実施した結果に基づき、対象となる財務諸表が一般に公正妥当と認められる会計基準に準拠して作成されていないと信じさせる事実があるかどうかを表明する業務。レビューは、監査と異なり、限定された手続を実施した範囲において財務諸表が有用な情報を示

していないと認められる事項がないことを保証するものであり，消極的保証と位置づけられ監査よりも保証水準が劣る。現在，東京証券取引所のマザーズ上場企業の四半期財務諸表に対して公認会計士等によるレビューが義務付けられている。

連結キャッシュ・フロー計算書 consolidated statements of cash flows ♦ 企業集団の1会計期間におけるキャッシュ・フローの状況を営業活動，投資活動，財務活動などの区分別に表示した財務諸表である。制度上，連結財務諸表を作成する会社が，開示を義務付けられている。

連結計算書類 consolidated financial report ♦ 企業集団の財産及び損益の状況を開示することを目的として作成される計算書類。連結貸借対照表，連結損益計算書，連結株主資本等変動計算書及び連結注記表からなる。計算書類と同様に，監査役（委員会設置会社では監査委員会）及び会計監査人の監査を受けなければならず，取締役会設置会社では，取締役会の承認が必要とされる。また，取締役は，株主総会において，その内容及び監査の結果を報告しなければならない。なお，会社法上は，作成義務者は，大会社のうち有価証券報告書提出会社に限定され，会計監査人設置会社においては，任意に作成することができるとされている。

連結財務諸表 consolidated financial statement ♦ 親会社を中心とし，原則としてすべての子会社を含めた企業グループ全体の財政状態，経営成績及びキャッシュ・フローの状況を示す財務諸表で，連結貸借対照表，連結損益計算書，連結株主資本等変動計算書，連結キャッシュ・フロー計算書及び連結附属明細表から構成されている。

連結財務諸表原則 Accounting Standards for Consolidated Financial Statements ♦ 企業会計審議会が昭和50年6月に設定した会計原則。わが国の会社が証券取引法等に基づいて連結財務諸表を開示する場合の作成基準を示すものであり，また公認会計士及び監査法人が連結財務諸表の監査を行う場

合に従うべき基準である。連結財務諸表原則は，①連結財務諸表の目的，②一般原則，③一般基準，④連結貸借対照表の作成基準，⑤連結損益計算書の作成基準，⑥連結剰余金計算書の作成基準，⑦連結財務諸表の注記事項からなり，別に注解が付記されている。なお，平成9年6月に改訂が行われている。

連結剰余金計算書 consolidated statement of retained earnings ♦ 会社法施行以前において，連結財務諸表の1つとされていたもの。資本剰余金の部と利益剰余金の部に区分して表示し，それぞれの増減を記載する。連結剰余金計算書の作成については，確定方式と繰上方式の2通りがあり，確定方式は，当期における親会社及び子会社の利益の分配について，次期に入って開催する株主総会で承認され確定したあとに次期の連結財務諸表に反映させる方法である。これに対して繰上方式は，本来なら次期に確定する利益の分配を，取締役会の決議段階において確定されたものとみなして，当期の連結財務諸表に反映させる方法である。なお，会社法施行後は，連結剰余金計算書に代わって連結株主資本等変動計算書が作成される。

連結損益計算書 consolidated statements of income ♦ 親会社が子会社を含めた企業グループとしての経営成績を表すために作成するもの。親会社及び子会社の個別損益計算書の収益，費用を基礎とし，そこから連結会社相互間における取引高や未実現損益などを消去して連結グループの当期純利益を表示する。連結損益計算書では，個別の損益計算書にはない，少数株主損益，連結調整勘定償却額，持分法による投資損益など特有の項目が表示される。

連結貸借対照表 consolidated balance sheets ♦ 親会社が子会社を含めた企業グループとしての財政状態を示すために作成するもの。親会社及び子会社の個別貸借対照表の資産，負債，資本を基礎とし，連結会社相互間の①投資勘定と資本勘定，②債権と債務などを相殺，消去して作成する。連結貸

借対照表では，個別の財務諸表にはない，連結調整勘定，少数株主持分など特有の項目が表示される。

連結調整勘定 consolidation goodwill ◆ 親会社の子会社に対する投資とこれに対応する子会社の資本との相殺消去により生じる差額のこと。連結貸借対照表上は，無形固定資産または固定負債の区分に記載され，取得後20年以内に定額法等の方法により償却される。連結財務諸表を作成するに当たり，取得時に子会社の資産及び負債を時価評価した後に投資と資本の相殺消去を行うため，消去差額である連結調整勘定は，子会社の超過収益力を表す「のれん」としての性格を有する。平成18年4月1日以後開始する事業年度からは，無形固定資産の「のれん」または固定負債の「負ののれん」に含めて開示される。

連結納税制度 consolidated tax payment system ◆ 法人税は法律上の会社ごとに独立して課税するのが原則であるが，平成14年度の税制改正でわが国において連結グループに属する複数の会社の損益を通算して法人税を課すことにしたもの。連結納税制度を選択する場合にはあらかじめ国税庁長官の承認が必要で，いったん選択したら継続して適用しなければならない。連結納税となる子会社の範囲は，国内の100％子会社などで一律となっている。申告と納付は親会社が行うが，連結対象となった子会社はそれぞれの所得に応じて連結法人税を負担し，かつ，連結納税額について連帯して責任を負う。

連結附属明細表 consolidated supplementary statement ◆ 連結財務諸表の1つ。現行の連結財務諸表規則では，社債明細表及び借入金等明細表の開示が要求されている。社債明細表では，企業グループの社債の状況について，発行会社名，銘柄，発行年月日，前期末残高，当期末残高，利率，担保，償還期限などが記載される。借入金等明細表では，企業グループの借入金の状況について，短期借入，長期借入等の区分別に，前期末残高，当期末残高，平均利率，返済期限など

が記載される。

連産品 joint product ♦ 同一の工程で，同一の原材料から生産される異種の製品で，主製品，副製品の区別を明確にすることができないもの。例えば，原油を精製して得られるガソリン，灯油，軽油，ナフサ，重油などは連産品である。なお，等級別総合原価計算で得られる等級製品は同一工程，同一材料から得る同種の製品であり，連産品は異種製品である点が異なる。また，副産物の場合は主産物と区分され，この点で連産品とは異なる。

ろ

労務費 labor cost ♦ 労働の消費によって生じる原価。労務費は，①形態別にみて賃金，給料，雑給，従業員賞与手当，退職給付引当金繰入額，福利費等に，②機能別にみて作業種類別直接賃金，間接作業賃金，手待ち賃金等に，③製品との関連で直接労務費，間接労務費に分類される。

ワラント債 bond with warrants ♦ →新株予約権付社債

割引手形 notes discounted ♦ 手形の割引とは,手形の支払期日が到来するのに先立って金融機関などに依頼し,割引料,金利を差し引いて現金化することをいい,この場合,金融機関に譲渡した手形を割引手形と呼ぶ。受取手形を割り引いた場合はこれを受取手形から除き,受取手形割引高として貸借対照表に注記する。これは手形の振出人が倒産等により手形代金が支払われなかった場合には,割引人が遡求債務を負うため,この偶発債務を開示する目的である。

割増償却 extra depreciation ♦ →特別償却

ワンイヤールール one-year rule ♦ 資産,負債を流動・固定の各項目に区分する基準の1つで,貸借対照表日の翌日から起算して1年以内に期限の到来する資産,負債をそれぞれ流動資産,流動負債とし,1年を超えるものを固定資産,固定負債とする基準(1年基準)。ただし,棚卸資産は1年を超えても流動資産とし,固定資産は耐用年数経過後残りが1年を下回っても流動資産としない。これは,資産,負債の流動・固定分類は,まず正常営業循環基準に基づいて行い,ワンイヤールールは正常営業循環基準を補足する基準として機能するためである。

執筆者一覧

太田博之(おおた　ひろゆき)
公認会計士
1998年千葉大学法経学部卒業
1999年中央監査法人入所
2003年公認会計士登録

大保裕司(おおぼ　ゆうじ)
公認会計士/CFP認定者
1990年筑波大学第一学群社会学類卒業。番組制作会社勤務
1999年中央監査法人入所
2003年公認会計士登録
現在，あらた監査法人マネジャー

大山顕司(おおやま　けんじ)
公認会計士
1994年中央大学商学部卒業
1999年中央監査法人入所
2003年公認会計士登録
現在，監査法人トーマツマネジャー

梶原歩(かじわら　あゆみ)
公認会計士
1997年明治大学商学部卒業
1999年中央監査法人入所
2005年公認会計士登録
現在，新日本有限責任監査法人勤務

藤井貴弘(ふじいたかひろ)
公認会計士
2000年慶應義塾大学経済学部卒業。中央青山監査法人入所

2003年公認会計士登録
現在，監査法人トーマツマネジャー

片山　英木（かたやま・ひでき）

1952年生まれ。1978年早稲田大学大学院商学研究科修士課程修了後，監査法人中央会計事務所（現みすず監査法人）に入所。現在，青山学院大学大学院会計プロフェッション研究科教授。著書に，『連結会計実務詳解』（中央経済社），『オフバランス取引の会計と税務』（共著，税務経理協会），『外貨換算会計の実務』（監修，東洋経済新報社）などがある。

井上　雅彦（いのうえ・まさひこ）

1962年生まれ。1986年一橋大学商学部卒業後，保険会社を経て1988年中央監査法人（現みすず監査法人）に入所。現在，監査法人トーマツパートナー，公認会計士，㈳日本証券アナリスト協会検定会員。著書に『キーワードでわかる退職給付会計』（税務研究会出版局），『キーワードでわかるリースの法律・会計・税務』（税務研究会出版局），『事業再編に伴う退職給付制度の設計と会計実務』（中央経済社），『Ｑ＆Ａリースの会計・税務』（日経文庫）などがある。

日経文庫1111

会計用語辞典

2006年9月15日　1版1刷
2009年2月27日　　　3刷

編　者	片山英木・井上雅彦
発行者	羽土　力
発行所	日本経済新聞出版社

http://www.nikkeibook.com/
東京都千代田区大手町1-9-5　郵便番号100-8066
電話（03）3270-0251

印刷　奥村印刷・製本　大進堂
ⓒHideki Katayama, Masahiko Inoue 2006
ISBN 978-4-532-11111-3

本書の無断複写複製（コピー）は，特定の場合を除き，著作者・出版社の権利侵害になります。

Printed in Japan